全人類を唸らせた！
二千七百年受け継がれる

日本人の遺伝子

渡部昇一

ビジネス社

日本人の遺伝子

まえがき

お国自慢という言葉がある。この場合の「お国」は元来は「郷里」のことを指していたと思われる。江戸に出て来た人たちが、自分の「おくに」を自慢し合ったのであろう。

これが国際化が進んだ時代では、日本人の「お国自慢」は「日本自慢」ということになる。私がお国自慢をしたいという衝動にかられたのは今から六十年にドイツに留学した青年時代であったと記憶している。敗戦十年、焼跡だらけの東京の、劣悪な住居状況、貧弱極まる食生活から抜けて、いきなり入ったドイツの生活は天国のようであった。同じ敗戦国でも西ドイツの復興は素早く、戦後建てられた学生寮も、暖房完備の個室で洗面所付き。冬でも厚着する必要なかった。食事も溢れるほど豊かで、朝食のパンには本物のバターを厚く塗り、その上にシンケン（生ハム）や厚いチーズを載せてコーヒーと一緒に食べるのであった。東京では夢にも考えられぬ贅沢さが学生寮（コレーグ）で行われていたのである。当時の西ドイツは大戦中の枢軸国仲間意識からか、極めて友好的であり、いろいろな家族からの招待も断り切れないくらい多かった。

そういう学生寮やドイツ人の家庭で話題としては当然日本のことになる。そこで「お国自慢」をしたいところだが、始めのうちは思いつかなかった。湯川博士がノーベル物理学賞を与えられた後だったから、それを言いたかったが、何しろノーベル賞の本場みたいな所に来ては言い出せなかった。『源氏物語』と言っても相手が知らなければ話にならない。

そのうち、どのドイツ人も感銘してくれる話題があることを発見した。それは天皇が戦前、戦中、戦後と一貫して同じ方であるということだった。それに関連して日本の王朝は神話時代から現在まで一系であることであった。

このことは引き続きイギリスで学ぶようになった時も、折に触れて持ち出すと、伝統を重んずるイギリス人も感心してくれたものであった。かくして二十八歳の私は西洋の大学の学位を持った右翼的（?）保守主義者として帰国したのであった。幸いに私の専門はイギリスの国学史のようなものであるので、イギリス人（西洋人一般と言ってもよい）に日本史のどういうところを言えば感心してくれるかを比較して語るのに便利であった。それから私は、日本史の「お国自慢」になる点に注意して日本の歴史を見るようになって今日に至ったと思う。

独英の留学から帰国して約十年後に、私はフルブライト・ヘイズ法による訪問教授として、アメリカの四州六大学で講義する機会を与えられた。そこにはもう戦後世代の若い日本人の学者や留学生たちがいた。そして私が驚いたのは、この人たちが全くと言ってよいほど日本の歴史を知らなかった。古い時代のことはもとより、先の大戦の引き金が、アメリカによる石油の輸出禁止であったことも知らなかったのである！

それで帰国するとすぐにこれから外国に行くことのある同胞たちのために「これぐらいは知っておくとお国自慢になりますよ」という本を書きたいと思った。しかしかけ出しの英語学者の日本史の本を出してくれる出版社など見つかるわけはなかった。幸いに故・篠田雄次郎氏の御紹介によって産業能率短期大学の出版部長の故・金森昭治氏が出して下さることになった。それが『日本史から見た日本人』（昭和48年＝一九七三年）であった。

産業能率の本を出す短大出版部から出た日本史などは無視されても当然だったと思われるが意外に好評だったのである（今も絶版になっていない）。一つには当時の日本では自虐思想が今より遥かに強かったので、「お国自慢」になる日本史はほとんどなかったため、新鮮だと思われたことであろう。二つ目の理由としては当時書物の目利きとして令名が高かった故・谷沢永一氏が激賞してくれたことである。谷沢氏の言葉で今も有難く記憶に残っているのは、「この本には借り物がない」ということであった。当時は「お国自慢」の日本史を書く現役の日本歴史家など皆無と言ってもよかったから当然であったとも言える。三つ目の理由は、神社関係の方々の熱烈な支持である。戦後は神社は占領下において敵視されたこともあって、日本文明の中核を成す神道を好意を以って重視した日本史がなかったからであろう。私はその方面の方から直接に「戦後に神社に自信を取り戻せたのはあなたの本のおかげです」と言われたこともあった。

そんなことで英語学を本職として来た私は、日本史についても書き続けることになった。今では「お国自慢」の日本史の本はいろいろ出ているし、神社については戦前よりもずっと多くの大衆的な本や雑誌が出されている。

こんな時に唐津隆氏と松崎之貞之氏が、日本史の中で特に「お国自慢」になるような項目を選んで私に語らせるという企画を下さった。項目の選択は読者代表みたいな形で、お二人に負うところが多い。これらの項目についての知識を持つことは、国際化の時代の日本人として必ず有効に働くはずである（これは私の体験済み）。それは単に英語ができるよりも外《と》つ国々の人々の敬意を受けるきっかけになるはずであると、半世紀近く英語教師としてやってきた私が自信を以て言えることでもある。

企画を下さった上記の両氏に感謝すると共に原稿の整理を担当下さったビジネス社の本田朋子氏に御礼申し上げます。

平成二十八年五月

渡部昇一

第一章　『古事記』の伝承

第二章 『万葉集』の心

第三章 仏教の伝来

第四章　日本人の自然観

第五章　武士道と騎士道と女の道

第六章　わび、さび、幽玄の世界

第七章　「尊皇」という潜在意識

第八章　職人文化と日本の技術

第九章　富とは何か？

第一章

『古事記』の伝承

『古事記』の成り立ち

現代の文明国のなかで日本はいちばん古い歴史をもっている国のひとつです。「中国四千年の歴史」といわれる中国をそのなかに数えることもできます。しかし、中国の場合は時代によって支配民族が異なりますから、「同一の国」と捉えることはできません。たとえば、孔子の生きた周の時代（紀元前六世紀）と聖徳太子が小野妹子を使節として送った隋の煬帝の時代（紀元七世紀）は「まったく別の民族の別の国」と考えるべきです。

その意味で、連続した国家の歴史としては日本がいちばん古いということができます。その日本で『古事記』がまとめられたのは和銅五年、西暦でいえば七一二年のことでした。イギリスにも、ヴェネラブル・ビード（ベーダ・ヴェネラビリス）というイングランドの聖職者にして歴史家が七三一年ごろにまとめた古い史書があります。これは『英国民教会史』（講談社学術文庫）という邦題からも知れるとおり、教会の歴史を記した本であって、一国の歴史を綴った書ということはできません。ひとつの国の連綿と続く歴史を記した書物としては『古事記』がもっとも古いものだといっても言い過ぎではありません。

『古事記』の成立は、天皇家の歴史やその他のいろんな部族の歴史が散逸しないうちに、それをまとめておきたいという第四十代・天武天皇（在位：六七三年〜六八六年）の遺志に発するものでした。ちなみに、その前の聖徳太子の時代にも『天皇記』や『国記』といった史書があったといわれていますが、これは蘇我氏の滅亡（六四五年）とともに焼けてしまったという記録が残っています（『日本書紀』皇極《こうぎょく》四年六月条）。そこで天武天皇は今後そういうことが起こらないようにと、改めて史書をまとめておきたいと考えられたのだと思います。じっさい、そうした気持ちをおもちになっていたことは太安万侶《おおのやすまろ》の書いた序文に記されております。

現代語訳すると、こんなふうになります。

そこで天武天皇が仰せられましたことは、「私が聞いていることは、諸家が伝えている帝紀《ていき》と本辞《ほんじ》は真実と違い、多くの偽りを加えているということだ。いまの時代においてその誤りを正さなかったら、幾年もたたないうちにその本旨がなくなってしまうであろう。これは国家の要素であり、天皇の指導の基本である。そこで帝紀を記し定め、本辞を調べて後世に伝えようと思う」ということでした。

ただし、天武天皇ご自身がその国史編纂を実行されるには至らず、長男の草壁皇子《くさかべのみこ》の后であった第四十三代・元明《げんめい》天皇（在位：七〇七年～七一五年の女帝）が太安万侶に命じて、舎人《とねり》（皇族の身の回りの世話をした役人）の稗田阿礼《ひえだのあれ》に天皇家の歴史や古い伝承を口述させたのです。阿礼は非常に記憶力の秀れた人で、いろんな歴史や伝承を頭に入れていましたから、それらをすべて物語り、それを太安万侶が書き記したという次第です。

安万侶はとても漢文に通じた人でした。それは『古事記』の序文を読めば一目でわかります。堂々たる駢儷体《べんれいたい》（対句構成の華麗な文体）です。原文（漢文）を読み下してみましょう。じつにきびきびした文体であることが知れるはずです。

臣《しん》万侶言《もう》す。夫《そ》れ、混元《こんげん》既に凝《こ》りて、気象未だ効《あらわ》れず。名も無く為《わざ》も無し。誰れか其の形を知らむ。……

――臣下・安万侶が申し上げます。そもそも、混沌とした大元はすでに凝り固まりながらも、生命の兆しはまだ現われていない。名もなく動きもないままでは、誰がその形を認識できるであろう。

一方、稗田阿礼があれだけの分量の歴史や伝承を記憶していたといわれると、いまの人たちは「そんなことができるの？」と思うかもしれません。しかし、そんな超人的なことが可能であることは近代になってからも証明されています。盲目のユーカラ（アイヌ民族の叙事詩）伝承者が言語学者の金田一京助さんに、なんと一千ページにものぼるアイヌの物語を語っているからです。また私自身のこととしても、かつて三百ページを超える『かく て昭和史は甦る』（PHP文庫）という本を何も見ないで口述した経験があります。その体験からしても、歴史というものはわりあい記憶しやすいものだということができます。

言語学者の大野晋《おおのすすむ》氏も『日本語の成立』（中央公論社）という本のなかでこう書かれています。

ユカラを語るのは、それを得手とする特別の人々であって、何万句に及ぶユカラを語ることは、誰にでもできるわざではなかった。一般的に言って、人間の記憶力は文字の使用によって減退したらしい。文字の無い社会ではかえって強力な記憶者がおり、今日のわれわれからは想像しがたいほど、祖先についての長い伝承などを語ることができた。

『古事記』上中下の三巻を語った稗田阿礼はたしかに超人的ではありました。それでも絶対に不可能なことではなかったと考えるべきでしょう。

神話と歴史が地続きになった日本の驚異

この『古事記』の特徴のひとつは――皇室を中心とした伝承が中核をなしているけれど

も、出雲のほうの伝承、すなわち大国主命《おおくにぬしのみこと》をめぐる伝承も詳しく述べられていることです。大国主命の伝承は「国譲り」の神話として知られています。地上に降りた建御雷神《たけみかづちのかみ》が大国主命に対して「天照大神《あまてらすおおみかみ》の子孫にこの地上の国を譲るように」と迫り、それによって日本という国が統一されたというのです。その代わりに、大国主命は壮大な出雲大社を建てさせたといいます。そのあたりのことは『古事記』にこう記されています。

底《そこ》つ石根《いわね》に宮柱《みやばしら》太しり、高天《たかあま》の原に千木《ちぎ》高しりて治め賜はば、僕《あ》は百足《ももた》らず八十《やそ》坰手《くまで》に隠りて侍《さもら》ひなむ。

――土の底の石根に届くまで宮柱を据え、高天原にも届くほど高々と千木を立てた大社を建ててくれれば、自分は国を譲り、鎮《しず》まって籠りましょう、と大国主命がいったといいます。これは神話ではありますが、実際にも日本の国の歴史にこれに似通った出来事があったと思われます。

しかも、日本の国のおもしろいところは、二〇一四年（平成二十六年）、高円宮家《たかまどのみやけ》の典子《のりこ》女王《じょおう》と出雲大社の権宮司《ごんぐうじ》（父の宮司に次ぐ地位）の千家国麿《せんげくにまろ》さんがご結婚なさったことです。単に皇族の女性と神社の宮司の結婚というのではなく、まさに『古事記』に記されている天照大神の系統と大国主命の系統とのご結婚でした。『日本書紀』に従って、初代の神武天皇（推定在位：紀元前六六〇年～紀元前五八四年）がざっと二千六百年前に即位されたとすると、「国譲り」の神話は三千年以上前にさかのぼるでしょう。そんな大昔の〝歴史〟が二十一世紀のこの現代に再現されるというのはじつに驚嘆すべきことではないでしょうか。

そう考えると、一筋、日本という国の大きな流れが見えてくると思います。これこそが日本の歴史の特徴であり、世界に例のないケースであるといっても過言ではありません。唯一、ユダヤ人がずっと国をもっていたら似たようなことがありえたかもしれませんけれども、ほかの民族では考えられません。

神話がじかに現代の歴史まで続いている、言い換えれば、神話と人《ひと》の代《よ》の歴史が地続きであるというのも『古事記』の特徴です。たしかに、「これ（上巻）は神代の話ですよ」「ここから（中巻以降）は人間の歴史ですよ」と断っています。そう断わりながらも、神代の神話と人代《じんだい》の歴史が地続きになっている。こんな例は世界のどこにもありません。ですから、神話と歴史が地続きになっているということは、日本の歴史を考える場合のポイントといっていいでしょう。

明治維新を迎え、帝国大学（現・東京大学）が創設されたとき、ベルリン大学のルートヴィヒ・リースという〝お雇い教授〟が招聘《しょうへい》され、日本にも近代的な歴史学が入りました。

リースは実証歴史学のランケの弟子でしたが、そうした最先端の歴史学が移入されても、帝大の日本人最初の歴史学教授はやはり神話を説いています。もちろん、その人が「神話も歴史だ」といったわけではありませんが、神話がないと話が一貫しないのです。あるいは、神話を説かないと、後世の歴史的出来事の説明ができないことがあるのです。

一例を挙げておきましょう。

平安時代にわが世の春を謳歌した藤原道長がなぜ天皇の位を狙おうとしなかったか？それは藤原家が、邇邇芸命《ににぎのみこと》の「天孫降臨」につき従った天児屋命《あめのこやねのみこと》を先祖としていたからです。天児屋命は重臣ではあるけれど、邇邇芸命に扈従《こじゅう》した身分であるから、けっして天皇になることはできないと考えるのです。神話と人代の歴史が地続きになった『古事記』を読めば、そういうことが一目でわかります。

漢字の音《おん》を利用してやまとことばを表記した太安万侶の功績

もうひとつ重要なことは、太安万侶が稗田阿礼の語りをなんとかして日本語で表記したいと考え、そして努力し、それに成功したことです。

それまで日本語は文字をもっていませんでした。そこで彼は漢字を利用することを考えました。といっても、漢字の意味ではなく、その音《おん》を利用したのです。

これも例を挙げておきましょう。

上巻は、読み下しにすると、次のように始まります。

天《あめ》と地《つち》が初めて姿を見せたそのとき、高天原に成り出た神の名は天《あめ》の御中主神《みなかぬしのかみ》。次に高御産巣日神《たかみむすひのかみ》。次に神産巣日神《かみむすひのかみ》。この三柱《みはしら》の神はみな独《ひと》り神《がみ》で、いつの間にか身を隠してしまわれた。

この冒頭部分の原文は次のとおりです。

天地初発之時、於高天原成神名、天之御中主神。次高御産巣日神。次神産巣日神。此三柱神者、並独神成坐而、隠身也。

ここは神さまの名が並んでいるので見当もつけやすいと思います。やまとことばにいかなる漢字を当てたのか、つまりどんな漢字表記を行っているかとなると、これはグッとむずかしくなります。とはいえ、日本語（やまとことば）を初めて文字として表記したわけですから、これは画期的な大事件でした。

これがどれほど大きな出来事であるかは、ちょっとした比喩を用いればよくわかります。やや尾籠《びろう》な話になりますが――ある日、夏目漱石の家に泥棒が入ったことがあります。逃げるときの足跡、それから、当時の泥棒は入った家に大便をしておくと捕まらないというジンクスがありましたから、部屋に大便が残っていたそうです。警察は残された足跡と大便から犯人の輪郭を探ろうとします。足の大きさ、そしてそれがどれくらい地面に喰い込んでいるかで体の大きさや体重を推定する。さらに、大便からはなにを食ったかを調べて泥棒の暮らしぶりを摑もうとします。しかし、それ以上推定しようとすると、それはむずかしい。

では、そのとき、泥棒が手帳でも落としていたらどうでしょう? 名前や出来事や備忘が記された手帳が落ちていたら、いろんな手がかりが一挙に摑めるはずです。

大雑把にいって、古代の姿を探ろうとするとき、足跡や大便に相当するのが考古学です。そして手帳に相当するのが歴史的事実――この場合でいえば、太安万侶が書き残してくれた『古事記』です。

もちろん、考古学も尊い学問です。しかし、『古事記』が語り継いできた神代からの歴史のほうがもっと尊いというか、重要な手がかりを提供してくれます。太安万侶がやまとことばを漢字の音《おん》を使って書き残したことの〝偉大さ〟というのはそういう意味なのです。

当然、これは日本だけの話ではありません。

たとえば、イギリスにはストーンヘンジがあります。ロンドン西方二百キロのところにある環状列石です。この遺跡をめぐっては太陽崇拝の祭祀場だとか、古代の天文台ではないかとか、いろんな説があります。しかし、あの遺跡からイギリス人の歴史がわかると考えるイギリス人はひとりもいません。古英語で書かれたイギリス最古の叙事詩『ベオウルフ』に依拠するほうがイギリス人の歴史がよくわかる。それは日本における『古事記』の場合と同様なのです。

『古事記』解読における本居宣長の大功績

ただし、いまも申し上げたとおり、『古事記』の原漢文を解読するのは非常にむずかしく、後世になると、ほとんど読めなくなってしまいます。そのため、『古事記』は写本が少ないのです。そりゃあそうでしょう、読めない本を写しても仕方がありません。

そんな『古事記』がだいたい全部読めるようになったのは本居宣長《もとおりのりなが》のおかげです。有名な『古事記伝』（一七九八年脱稿）の功績はじつに大きいといわなければなりません。

宣長の『古事記』の読み方に関しては、後世の研究によって異論も出ているようですが、大筋は宣長の読みに従って、それを補足するとか訂正する。そんなふうにして『古事記』

本居宣長（1730～1801）江戸時代の国学者・文献学者・医師。本居宣長四十四歳自画自賛像。

は読み進められてきました。

この宣長はたくさんの和歌をつくっています。「宣長の歌は下手だ」という評をよく耳にしますが、彼のいちばん有名な歌は――、

しき嶋の　やまとごゝろを　人とはゞ　朝日にゝほふ　山ざくら花

――日本人である私の心とは、朝日に照り輝く山桜の美しさを知り、その麗《うるわ》しさに感動する、そのような心です、といったほどの意味です。たしかにあまり上手な歌とはいえません。

しかし私にいわせれば、宣長はうまい歌を詠むつもりはなかったと思います。というのも、彼はなるべく『古事記』の時代の言葉を使って古代の人びとの心を摑もうと努力していたわけですから、歌人の意識で歌をつくったわけではないのです。とにかく『古事記』をマスターしようという心づもりが強かったのですから、いわゆる〝うまい歌〟でなくてもよかったわけです。そうした気持ちで明和元年（一七六四年）に起稿し、前述のとおり寛

政十年（一七九八年）に脱稿したのが『古事記伝』です。その間、なんと三十余年！　これはもう執念としかいいようがありません。

そのおかげで、われわれ日本人は八世紀初めの自国の歴史書を自分の国の言葉で読むことができるようになったわけです。われわれは本居宣長にいくら感謝しても感謝しきれないというべきです。

かな文字の誕生と文学の発生

これがいかに偉大なことであったかはお隣の韓国と比べれば一目瞭然です。

韓国は朝鮮半島という地勢的な状況も手伝って、徹底的に漢文が入ってきました。したがって、漢文のマスター度も高かったといえるでしょう。ところが古代朝鮮語を漢字で表記しようと努めた人はいませんでした。これが「日本文学史」と「朝鮮文学史」の決定的な差になっています。

日本ではやまとことばの漢字表記がどんどん発達していきますと、かな文字もできるようになります。ところが太安万侶が出なかった韓国では漢文がいつまでも漢文として残り、ごく一部のインテリたちがそれを学び、そのほかの人たちはみな文盲ということになりました。当然、古代朝鮮文学というものなど、ありません。もし文学があったとしても、それは漢文そのもので書かれたものですから、それはやはり漢文学であって朝鮮文学と呼ぶことはできません。

その点、日本では太安万侶がやまとことばの漢字表記を発明してくれたおかげで、そのあとに出る『日本書紀』でも、やまと歌である長歌および短歌が漢字表記で膨大に記載されています。

『日本書紀』――『古事記』の八年後（七二〇年）に編まれたこの書物は、やはり女帝である第四十四代・元正《げんしょう》天皇（先の草壁皇子と元明天皇の娘で、在位：七一五年〜七二四年）が舎人《とねり》親王《しんのう》を総裁にして編纂させたものです。こちらは堂々たる漢文で書かれています。それはシナ人など外国人に見せてもわかるように、またシナに対して恥ずかしくないものをつくろうという意図があったためだと推察されます。

これも冒頭を見ておきましょう。

古天地未剖、陰陽不分、渾沌如鶏子、冥涬而含牙。

読み下し文は次のとおりです。

古《いにしえ》に天地未だ剖《わか》れず、陰陽分かれざりしとき、渾沌たること鶏子《とりのこ》の如くして、冥涬《めいけい》にして牙《きざし》を含めり。

――天と地がまだ分かれず、日月・男女などのふたつの気も分かれていないとき、その混沌としたさまは卵の中身のように茫漠としていた。そこにはなにかの発芽のようなものが見られた、といったほどの意味で、ご覧のように原文は完全なる漢文です。もっとも、漢字・漢文だけでは日本の歴史は書けませんので、膨大に登場する神さまの名前や日本の土地の名、長歌および短歌はやはり『古事記』に倣った表記になっています。

たとえば、邇邇芸命《ににぎのみこと》の父親は、『日本書紀』では「正哉《まさかつ》吾《あ》勝勝速日《かつかちはやひ》天忍《あめのおし》穂《ほ》耳尊《みみのみこと》」と、漢字の音《おん》を使って表記されています。この非常に長い名前は、『古事記』では「正勝吾勝……」であるのに対し、『日本書紀』では「正哉吾勝……」であるといった具合に、同じ音《おん》でも『古事記』と『日本書紀』では異なる漢字が使われています。よって、まったく違った人が書いたことは明らかです。

では、こうした事実がなにを意味しているかというと、やまとことばを漢字で表わすことが当たり前になった、ということです。

それからしばらくすると、「こんな漢字で書くのはめんどくさいよ」ということになり、漢字を崩してひらがながつくられるようになります。「安→あ」「以→い」「宇→う」「衣→え」「於→お」……といった具合に漢字を崩していったわけです。そして、漢字の旁《つくり》や偏《へん》の一部からつくったのがカタカナです。「阿→ア」「伊→イ」「宇→ウ」「江→エ」「於→オ」……といった調子です。

こうなると、漢字から完全に離れて日本語を表記できるようになります。その日本語表現がどんどん発達していって、十世紀ごろには『伊勢物語』や『源氏物語』といった世界も驚く堂々たる大文学が生まれます。ほとんど漢語を使うことなく、やまとことばだけで書かれた日本の文学が誕生したのです。

私は最近、『伊勢物語』を読み直してみましたが、ほとんど漢語を使っていないことにほんとうに感心しました。登場人物の位を記すときは漢語が使われ、そうでない場合はやまとことばのみ。歌物語である『伊勢物語』にはたくさん和歌が入っています。これには当然、漢語など使いません。しかも、そこに記された数十首は『古今和歌集』にも選ばれているくらいですから、これはもう粒ぞろいです。

たとえば、八十二段の歌。

世の中に　たえて桜の　なかりせば　春の心は　のどけからまし

——この世の中に、まったく桜がなかったとしたら、春のころの人びとの心はのんびりした気分であったろう。しかしいま、桜が咲いているので、たとえば雨が降って散りはしないかと気になって仕方がない、というのです。

漢文のできる在原業平《ありわらのなりひら》の歌ですが、みな、やまとことばです。かな文字の誕生によって、ここにやまとことばを国語で表記するという伝統が生まれたわけです。これがいかに凄いことであるか——それは、韓国やベトナムなど、漢字の影響を受けた国はいろいろあるのに、仮名を発明したのは日本だけであったという事実が物語っています。日本人は外国の文物を自由自在に吸収・消化していく能力に長けているのです。それは同時に日本人の稀にみる特性を示しているように思います。

中国、韓国とはまるで違う日本の伝統

ところが、前述したように、お隣の国ではかな文字のようなものを発明することができませんでした。それゆえ、朝鮮文学というのは日本人（福沢諭吉の弟子の井上角五郎ら）がハングルを普及させるまではなかったといってもいいでしょう。韓国の人たちにすれば残念無念だろうと思いますが、古くからの朝鮮文学というのはありません。

同様のことは中国についても当てはまります。

古代シナ文学の孔子の『論語』とか『孟子』というのは周の時代の文化です。非常に高度な文化でした。古代ギリシャの文化に匹敵するか、あるいはそれを超えるような文化でした。しかし、その周も五百年ぐらいするとおかしくなります。そこで孔子が、「このまいったら周の文化がなくなってしまう」と危惧して形を整えたのが、大雑把にいって五経です。「易経」「書経」「詩経」「礼記《らいき》」「春秋」の五経。しかし、その孔子からさらに三百年ぐらいたつと、周はほんとうに潰れてしまい、秦になります。

その後、前漢があって後漢があって、それから三国時代、五胡十六国時代、南北朝時代ときて、それを統一したのが隋でした。その隋の時代が、日本でいえば聖徳太子の時代に当たります。

では、隋の民族とは何であったかというと、孔子の時代には「鮮卑《せんぴ》」といわれた民族でした。ですから、いまの中国とはまるっきり関係のない民族なのです。孔子の周も現在の中国とまったく関係ありません。

その後もさらに唐（鮮卑）、宋（漢民族）、元（蒙古民族）、明（漢民族）、清（満洲民族）……と変遷しています。

もしもいまの中国人が「孔子の文学は自分たちの文学だ」といって威張《いば》ったら、それはポーランド人かロシア人が「ギリシャ文明はおれたちがつくった」といって威張るようなものです。滑稽至極、噴飯ものです。

ただし、シナ大陸ではいずれの王朝も漢字を用いてきましたから、一定の文明・文化が連綿と続いてきたかのような錯覚を与えることは確かです。そこに中国人や日本人が陥りやすい落とし穴があります。

その点、日本の場合は『古事記』がありますから、神話の時代から現代まで、日本民族の歴史が続いていることが証明されます。しかも、先に触れた高円宮家の典子女王と出雲大社の権宮司の千家国麿さんのご結婚のように両者とも二千年以上の系図が明らかな稀有な事例も見られるわけですから、日本とはなんと「遥かな国」なのでしょう。

皇統の継承は「男系男子」による

『古事記』はさらに、皇統の継承は「男系男子」による、という伝統を明らかにしています。

それは下巻の第二十五代・武烈《ぶれつ》天皇（在位：四九九年～五〇六年）の項に記されています。短い記載ですから、全文を現代語訳してみましょう。

小長谷若雀命《おはつせのわかさざきのみこと》（武烈天皇・渡部注）は長谷《はつせ》の列木《なみき》の宮に坐して、天下を治められること八年であった。この武烈天皇には日嗣《ひつぎ》の皇子《みこ》がいらっしゃらなかった。そこで、自分の名を後世に伝えるため、「小長谷部《おはつせべ》」という皇室の私有民を定められた。

武烈天皇がすでに亡くなられたというのに、皇位を継承する皇子《みこ》がいらっしゃらなかった。そこで、応神《おうじん》天皇の五世の孫である袁本杼命《おおどのみこと》を近淡海《ちかつおうみ》から迎え、手白髪郎女《たしらかのいらつめ》と娶《めあ》わせて天下を委ねたのである。

それが第二十六代・継体《けいたい》天皇（在位：五〇七年〜五三一年）だというのです。

本文にあるように、この継体天皇は第十五代・応神天皇（在位：二七〇年〜三一二年）の五代あとの子孫だといいます。そんなに時代が経過すれば、血統はずいぶん薄れていたはずです。それでも、少しでも皇統を受け継いだ男子を探してこなければいけなかったのは「皇統継承は男系男子による」という原則があったからです。

じっさい、継体天皇が結婚された手白髪郎女《たしらかのいらつめ》という人は先代の武烈天皇の姉か妹でしたから、もし「女系継承」が許されるなら、彼女が皇位を継げば話は簡単だったはずです。しかし女系による皇位継承は許されなかったため、八方手を尽くして田舎から袁本杼命《おおどのみこと》という人を見つけてこなければならなかったのです。

『古事記』はこのように「皇統の男系男子継承」を伝えているわけです。では、どうして男系でなければならないのか？　それについては、こんなふうにお話しすればわかりやすいのではないかと考えています。

ひと口にいえば――「種」と「畑」は違いますよ、ということです。畏れ多い比喩ですが、皇統は「畑」（女性）ではなく「種」（男性）によって維持するのが原則とされたのです。

日本は農業国でしたから、農耕のイメージで考えたのだと思います。「種」は畑に植えても田んぼに植えてもなんら変わりがありません。それがどんな畑であれ、田んぼであれ、稲を植えれば稲が育ちます。麦を植えれば麦が育つ。それゆえ、種には永続性ないし連続性がイメージされます。

ところが、「畑」は違います。稲を植えれば稲が生えてきますが、粟を植えれば粟が生《は》えてしまいます。麦を植えれば麦、稗《ひえ》を植えれば稗が生えてくる。セイタカアワダチ草の種が持ち込まれるとセイタカアワダチ草が生えてくる。永続性ないし連続性は崩れてしまいます。これではとてもではないけれど、系統概念にはなりえません。

そのため、皇室では「畑」ではなく「種」が重視されてきたわけです。

日本人の歴史観の根底をなす『古事記』

ここで私事にわたりますが、私は『古事記』に対しては特別の愛着をもっています。

占領軍は「天皇が神ではない」ことを示すために神道指令（神道の禁止令）まで出して日本の宗教に干渉してきました。神宮皇學館という学校は一時廃止され、国学院大学でも『古事記』を教えることができませんでした。

ところが、私の通った上智大学では『古事記』の講議があったのです。当時、上智大学は新制大学に変わったばかりでしたから、文部省（現・文部科学省）の指令にばか正直に従っていました。ですから、文部省にいわれるとおり、教養科目を非常に重んじました。そのため、私は英文科の学生でしたが、国語も必修でした。その国語の授業のとき、先生が「『古事記』を読もう」とおっしゃったのです。その人は神道のある一派を背負った東大卒の佐藤幹二という教授でしたが、そのときこうもおっしゃいました。

「いま日本の大学で『古事記』を教えることができるのはこの上智大学だけです。だから『古事記』を読みましょう」と。

ではなぜ、上智では『古事記』を教えられたのかといいますと、こんな事情がありました。当時の上智大学はアメリカの大学関係の機関から頼まれて国際部という学部をつくりました。いや、つくらされた、といったほうが適切でしょう。夜間の学部でしたが、完全にアメリカのカリキュラムに沿い、授業料もアメリカ並みでした。したがって、きわめて高額でした。ふつうの日本人ではとても入れない。たしか、その学部ではＢＡ（文科系学士）、ＭＡ（文学修士）まで出していたはずです。そういうこともあって、アメリカ人がたくさん学びにきていましたから、『古事記』を教えても「占領軍も文句をいわないだろう」というのが佐藤先生の〝読み〟でした。

そうして『古事記』を読んだわけです。そもそも神道系の先生でしたから、非常に高度な授業でした。しかも、『古事記』とはなんぞやという講義ではなかった点もよかったと思います。佐藤先生の講義ではなく、『古事記』そのものを読む授業でしたから、これはたいへん勉強になりました。私はいまでも佐藤先生の授業に感謝しています。

しかも、この授業は一時間目でしたから、出席する学生は少なかった。当時はいまのＪＲを「国電」と呼んでいましたが、朝方はこれがものすごく混みました。その点、私は大学構内の学生寮に住んでいましたから、国電の混雑とは関係ない。また、英文科の授業でしたから、『古事記』を読もうという学生はパラパラとしかいません。私ひとりというケースもありました。それが昭和二十四年のことでした。

ですから私は、終戦直後の大学で『古事記』を読んだほとんど唯一の日本人学生ではなかったかと、かすかな誇りをもっています。

＊

『古事記』のもつ重要性は以下の諸点にあります。

①神話の時代と歴史の時代が地続きであることを明確に示している。
②太安万侶の発明によって、漢字の音《おん》を使い、やまとことばで、古代の心や事績を書き残すことができるようになった。
③その発明は、かな文字の起源にもなった。
④『古事記』に記された皇統の継承は「男系男子」による原則を伝えている。

このように、『古事記』は日本人の歴史観の根底をなしているのです。

現代では神話をそのまま「事実」と考える人はいないでしょうが、しかし、それを信じていた人びとが日本をつくり、また動かしてきたということを忘れてはなりません。

第二章

『万葉集』の心

『古事記』の音表記のおかげでやまとことばの息吹に触れる

八世紀の半ばに大伴家持《おおとものやかもち》が編纂を始めた『万葉集』は全二十巻、四千五百余首です。この『万葉集』の特徴は何かといえば、『古事記』に始まる伝統に従ってやまとことばを漢字で表記したところにあります。そのおかげで、当時のやまとことばがそっくりそのまま残りました。また、古代人の気持ちや心、喜怒哀楽といった感情の動きも、現代のわれわれにも手に取るようにわかる。これはとにかくありがたいことです。

ここでも例を挙げておきましょう。

巻第一の二〇（巻数の下の数字は『国歌大観』の番号）、有名な額田王《ぬかたのおおきみ》の「あかねさす……」という歌はどう表記されているかといいますと、こんなふうに記されています。

茜草指　武良前野逝　標野行　野守者不見哉　君之袖布流

これを「あかねさす　紫野行き　標野《しめの》行き　野守《のもり》は見ずや　君が袖振る」と読むわけです。

——紫草《むらさきぐさ》の生えている野が茜色《あかねいろ》に染まっている。関係ない人の立ち入りを禁じて標《しめ》を張ったその野を行き来なさったら、野の番人が見るではありませんか。そんなに袖をお振りになったりして、という意味です。

『古事記』の「天地初発之時、於高天原成神名……」という一文を「天地《あめつち》初めて発《ひら》けし時、高天の原に成れる神の名は……」と読んだのと同じように、漢字の音《おん》をうまく利用して一首の歌を書き留めています。

漢字の音《おん》に頼った表記ですから、万葉学者によって読み方が微妙に違ってくることもありますが、しかし、大きな相違はない。だいたいのところは一定の枠のなかに入ってきて一致します。そのおかげで、現代のわれわれも古代のやまとことばに触れることができるわけですから、太安万侶が『古事記』で発明した漢字の音《おん》読みには大いに感謝しなければなりません。

『万葉集』を貫く言霊思想と「歌の前の平等」

もうひとつの特徴は、『万葉集』の作者が上は天皇から下は兵士、農民、遊女、乞食に至るまで、各階層に及ぶことです。身分の高い人と低い人が入り交じって、差別はまったく見られません。もちろん、男女の隔てもありません。作者の暮らす地域も東国、北陸、九州の各地にわたっています。ですから、文字どおりの〝国民的歌集〟ということができます。

では、なぜこれほどまでの国民的歌集ができたのかということについて、私はある仮説を述べたことがあります。まったくの素人の仮説でしたが、国文学を専門とする故・谷沢永一先生にお褒めいただきましたので、案外、当たっているのではないか……と自負しています。

『万葉集』に採用する歌を選ぶ基準はなにであったかといえば、純粋に「いい歌であるかどうか」ということだったのではないでしょうか。「なんだ、そんなことは当たり前じゃないか」という勿《なか》れ。「いい歌」とはなにかというとき、それは当時の観念からいえば「言霊《ことだま》」（言葉に宿る霊力）が感じられる歌だったのではないか。その言霊さえ感じられる歌であれば、それを「いい歌」として採用し、作者の身分を問わなかったのではないでしょうか。

巻第二の一三一には、「歌聖」柿本人麻呂が石見国《いわみのくに》（現在の島根県）に妻を残して上京するときの長歌があります。その終わりのほうを引いておきましょう。

……　玉藻なす　寄り寝し妹《いも》を　露霜の　置きてし来れば　この道の　八十隈《やそくま》ごとに
万《よろづ》たび　かへり見すれど　いや遠《とほ》に　里は放《さか》りぬ　いや高に　山も越え来《き》ぬ　夏草の
思ひ萎《しな》えて　偲《しの》ふらむ　妹《いも》が門《かど》見む　靡《なび》けこの山

――玉藻のように寄り添ってきた妻を、露や霜を置くように残してきたため心残りで、曲がり角ごとに振り返って見るのだが、妻の里はますます遠くなってしまった。ますます高く山も越えてきたことだ。夏草のように、恋しさに萎《しな》えて私のことを思っているであろう妻、その家の門を、ああ、見たいものだ。靡け！　山々よ。

最後の「妹が門見む　靡けこの山」は絶唱というしかありません。たとえばこうした言葉に当時の人びとは「言霊」を感じたのではないか。そう考えても見当外れではないと、私は思っています。

日本人はとりわけやまとことばを重んじましたが、それは言葉や言葉の響きのなかに一種の霊力を感じていたからです。そうした日本人の感性をいまに伝えているのが『古今和歌集』の「仮名の序」です。紀貫之《きのつらゆき》の書いたこの序文は原文のままでも意を取れると思いますので、そのまま引いておくことにします。

力もいれずして天地《あめつち》を動かし、目に見えぬ鬼神《おにがみ》をもあはれと思はせ、男女《おとこおうな》のなかをもやはらげ、猛《たけ》きもののふの心をもなぐさむるは歌なりこれが「言霊」の力です。

そして、そうした言霊の感じられる歌であれば、作者の身分は問わずに選んだ。これを言い換えれば、「歌の前の平等」ということになります。

言霊の思想と「歌の前の平等」――これこそが『万葉集』を貫く精神なのではないかといったら、国文学者の谷沢永一さんが「そのとおり!」と褒めてくださったのです。

ところで、なにの前で平等か、ということに関しては国や時代で異なります。

ユダヤ=キリスト教圏であれば、「万人は神の前で平等である」ということになるでしょう。教会でいかに高い地位にあろうとも、神の目から見れば教皇も奴隷もいっしょなのです。

近代社会においては「法の前の平等」ということができます。それはローマ帝国も同じでした。帝国は多くの異民族を抱えていましたので、それらの人びとをローマの忠実な市民とするには公平に扱わなければなりませんでした。そこで、公平さの基準を「法」に置き、「法の前では平等だ」としたのです。

古代日本では、いまお話ししたとおり、「歌の前の平等」でした。和歌が上手であれば、身分など関係ないという思想があったと考えられます。

古代という時代にそんな平等思想があったことが『万葉集』からわかります。逆にいえば、そうした平等思想がなかったら『万葉集』のような体裁の歌集はけっして編まれることはなかったはずです。

柿本人麻呂にしろ、山部赤人《やまべのあかひと》にしろ、身分は高くありませんでした。とりわけ人麻呂には「石見の大きな柿の木の股から生まれた」という伝説があるくらいです。これが素性も知れぬ下賤《げせん》の生まれを暗示していることは見やすい道理でしょう。しかし、その人麻呂の歌には言霊が宿っていた。そこで「歌聖」と呼ばれ、和歌の神さまとして崇拝されるようになったのです。

そうした事情はいまでも見てとることができます。

日本には短歌の結社がいくつもあります。主催者は、昔はたいてい男性でしたが、そこにごく普通の家庭の主婦が入会し、歌をつくっていくうちにどんどん上達していったとします。すると、その主婦には「ほんとうは私のほうが上手なんだけどなあ」という意識が生まれてきます。そうした「歌の前での平等」「言葉の前の平等」といった意識はいまでも根強くあるのです。

敗戦直後に感動した『万葉集』の御製

『万葉集』についても、私は個人的な思い出というか、懐かしさを感じています。

敗戦の翌年ですから、昭和二十一年のことです。私は旧制中学の四年生でした。日本国中、一面の焼け野原ですから、当然、教科書などありません。そうしたら菅原《すがわら》五八《ごはち》という国語の先生が「しようがない。じゃあ、『万葉集』からやるか」といわれたのです。先生は戦前にご自分で買われた『万葉集』をおもちでしたから、冒頭の長歌から黒板に書き始められました。私たちはそれをノートに写すわけです。そして暗記する。そうやって敗戦後の国語の授業がはじまったことをいまでもよく覚えています。

巻第一の一の長歌は第二十一代・雄略《ゆうりやく》天皇（在位：四五七年～四七九年）のお歌です。

籠《こ》もよ　み籠《こ》持ち　掘串《ふくし》もよ　み掘串《ふくし》持ち　この丘に　菜摘ます児《こ》　家聞《いえき》かな　名告《なの》らさね　そらみつ　大和の国は　おしなべて　われこそ居《を》れ　……

そうやって書き写しているうちに、この雄略天皇の長歌はみな覚えてしまいました。

――籠《かご》よ、美しい籠をもち、ヘラよ、美しいヘラを手にして、この丘で菜を摘んでいる娘よ。あなたはどこの家の娘なのか。名は何というのか。そらみつ大和の国はすべて私が支配しているのである……という趣旨の歌ですが、歌い出しの音数が「3・4・5・6」と一音ずつせり上がっていくところなど、美しい娘を見かけた天皇の感動の高まりを伝えています。これも言霊を感じさせる歌です。

そして、巻第一の二にある第三十四代・舒明天皇《じょめいてんのう》（在位：六二九年〜六四一年）の「国見の御製《ぎょせい》」を写していたとき、私はジーンとしました。

大和には　群山《むらやま》あれど　とりよろふ　天の香久山《あまのかぐやま》　登り立ち　国見をすれば　国原《くにはら》は
煙《けぶり》立ち立つ　海原は　鷗《かまめ》立ち立つ　うまし国ぞ　蜻蛉島《あきつしま》　大和の国は

とりたてて意味のある事象を歌っている歌というわけではありません。直訳すれば――大和にはたくさんの山があるけれども、そのなかでも秀れた香具山に登ってみたところ、里には煙が立っていて、湖には鳥が飛んでいる。いい国だなあ、日本という国は、となります。

しかし、その「うまし国ぞ　蜻蛉島　大和の国は」という言葉は、敗戦の翌年の少年の心には強く響きました。漢詩でいえば、「国破れて山河在り……」ということになるのでしょうが、やはり、やまとことばのほうが心に響く。しみじみと、「ああ、いい国だなあ、日本は」という気持になりました。

私がいた鶴岡市（山形県）は戦争で焼けることはありませんでしたが、日本中の多くの都市が焼かれ、広島・長崎に新型爆弾（原子爆弾）が落とされたことは知っていました。それだけに、「うまし国ぞ　蜻蛉島《あきつしま》　大和の国は」という言葉がジーンと響いたのです。戦争に敗れて焼け野原になってしまったけれども日本はいい国なんだと、祖国への思いがしみじみと込み上げてきました。

このあたりの感動はまさに言霊の作用としかいいようがありません。だからこそ、あれから七十年たったいまも、あのときの感動が甦ってくるのです。そんなことがありましたから、『万葉集』にはとくに親しみを感じています。

文化勲章を受章した学者たちの〝勇み足〟

ところがひとつ、怪しからん話があります。

それは中西進という万葉学者が岩波書店発行の雑誌「文学」誌上で「山上憶良《やまのうえのおくら》は朝鮮からの渡来人である」という説を唱えたことです。その骨子は——憶良が四歳のとき、百済《くだら》が新羅《しらぎ》に滅ぼされたので、彼は医師である父・憶仁《おくに》に連れられて日本に渡ってきた。そして、若い日から四十歳まで写経生として写経の仕事に従事して、やっと四十二歳のときに

「遣唐少録」、すなわち遣唐使の末席に連なる書記役となった。その後、官僚となり、歌人としても知られるようになった……というものです。

ところが、私のように『万葉集』の長歌まで暗記させられた人間にいわせれば、「なにを、ばかなことを！」という話になります。だって、そうでしょう、憶良は神功皇后《じんぐうこうごう》を讃える歌をつくっているのです。

懸《か》けまくは　あやに畏《かしこ》し　足日女《たらしひめ》　神の命《みこと》　韓国《からくに》を　向け平らげて　御心を　鎮め給ふ
と　……　（巻第五の八一三）

——口にするのも、いいようもなく尊いことだが、神功皇后が朝鮮を平定なさって、そうしてお心を静めなさろうと……と、詠っています。どうしてこうした歌をつくったのが渡来人だというのでしょう？

それから、巻第五の八九四には遣唐使に向けた歌があります。

神代より　言ひ伝《つ》て来《く》らく　そらみつ　倭の国は　皇神《すめがみ》の　厳《いつ》しき国　言霊の　幸《さき》はふ
国と　語り継ぎ　言ひ継《つ》がひけり　……

——神代から伝えられているように、空に充ちる大和の国は、統治の神の厳《いつく》しき国、言霊の幸ある国と、語り継がれてきました……という意味です。日本は言霊の幸ある国なのだから、遣唐使のみなさんもご無事に、このすばらしい国にお帰りください、といっています。まさに愛国心溢れる一首ではありませんか。

ついでにいえば、遣唐使として唐にいたときはこんな歌をつくっています。

いざ子ども　早く日本《やまと》へ　大伴《おおとも》の　御津《みつ》の浜松　待ち恋ひぬらむ　（巻第一の六三）

——さあ、みんな、仲間たちよ、早く日本へ帰ろうじゃないか！　難波の御津《みつ》の浜松も、その名のとおり、われわれを待ち焦がれていることであろう。

こうした歌をつくった人物が渡来人であるはずがありません。百歩譲って、憶良が百済から戻ってきた人だとしても、それはお父さんに連れられた引揚者です。引揚者は渡来人や帰化人ではありません。私の家内は戦後、奉天から引き揚げてきましたが、断じて満洲人ではないのと同じことです。

中西進さんは偉い万葉学者なのでしょうが、しかし、「憶良＝渡来人」説はどう考えたっておかしいと思っています。

振り返ってみると、一九七〇年代あたりは朝鮮にシッポを振る風潮がありました。「日本人の先祖は大陸からやってきた騎馬民族である」という江上波夫先生の「騎馬民族説」が出たのも、たしかあのころだったと思います（一九六七年）。日本人がそういう説を立てると、朝鮮人はたいへん喜びました。げんに、中西さんは『古代十一章』（毎日新聞社）という本の「ノート」のなかで、「憶良＝渡来人」説を知った在日朝鮮人作家の金達寿《キムダルス》氏が喜んだという趣旨のことを記しています。

そんなふうに、当時は朝鮮人を喜ばせるような説がいろいろ出たものです。また、彼らを喜ばせると、いろんな意味でいいこともあったようです。たとえば、朝鮮を讃えた人たちは文化勲章をもらっています。「騎馬民族説」の江上先生も、万葉学者の中西さんも文化勲章をもらっています。「騎馬民族説」など、とっくの昔に葬られています。それにもかかわらず、文化勲章を授与されるというのはいったいどういうことなのでしょう？　なにかウラがあるのかもしれませんが、そこまで穿鑿《せんさく》する気にはなりません。

これは若いころの出来事ですが、私は江上先生の面前で「騎馬民族説」を論破したことがあります。

日本文化会議の月例懇話会が文藝春秋の九階で行われていたころ、私は福田恆存《ふくだつねあり》先生や林健太郎先生といった偉い人たちの末席に連なって江上先生の「騎馬民族説」をうかがったことがあるのです。お話が終わって、偉い先生方と江上先生の質疑応答が一段落したところで、若造の私はおそるおそる質問をしました。

「先生のお話をうかがっていますと、なるほど大和朝廷は騎馬民族の子孫のように思えてきますけれども、ひとつ疑問が残ります。それは日本民族の最古の伝承である『古事記』や『日本書紀』のなかに馬に乗った英雄がひとりも出てこないことです。これはいったいどういうことでしょう？　野生の馬の生皮を剥いだ須佐之男命《すさのおのみこと》が、それを天照大神の機織場《はたおりば》に投げ込んだという話ぐらいにしか馬は出てきません」

このときの江上先生の困惑されたご様子はいまも鮮明に覚えています。「ええッ！　そうだったかかな。馬は出てこなかった？　いやあ、困ったなあ……」と、何度か繰り返して、口ごもっておられました。そのとき私はバツが悪い思いをすると同時に、記紀を読まずに日本古代に関する学説を立てるとはなんと乱暴な……という思いも抱きました。

『万葉集』は「日本人の心」のふるさとであり、宝庫である

さて、『万葉集』に話を戻せば、いまから千年以上前の古代日本の歌を子供でも読むことができ、暗記することができるというのはじつに稀有なことです。

イギリスも古い国だといわれますが、『古事記』の時代の英語を読めるイギリス人はおりません。イギリスの学者でも特別に研究した人しか読むことができません。それというのも、「オールド・イングリッシュ」はドイツ語のような言語だからです。

ところが、日本の場合はやまとことばで一貫していますから、『古事記』も『万葉集』も読むことができるし、万葉張りの歌を詠む人までいます。こうした言葉の一貫性はじつに尊いし、これくらい言葉が連続している国は、世界広しといえどもないのではないかと思います。

ただし、前にもお話ししたように、シナは一貫して漢字の国ですから、シナ本部を支配する民族が違って発音が異なっても、文字それ自体は同じです。そのため、同じ文化が続いているかのように錯覚します。そんな特徴をもっています。唐というのは鮮卑の民族ですから、周の孔子などとは民族的にまるで関係ありません。しかし、漢詩だけはきわめてうまかった時代です。『唐詩選』という漢詩集があるくらいですから、じつに上手です。唐の時代がうますぎたため、のちの時代はグッと品下る……ということになります。

ということで、現代人が非常に古い時代の歌を読め、そして素直に感動できる国は日本だけだといってもいいすぎではありません。

次も山上憶良の歌ですが、これは戦争中でも現代でも通用する気概に充ちている、と評していいでしょう。

士《をのこ》やも　空《むな》しかるべき　万代《よろづよ》に　語り続ぐべき　名は立てずして　（巻第六の九七八）

――「士」たるもの、空しくあってよいだろうか？　万代ののちに語り伝えられるべき名も立てぬままに……という、男子の思いを述べた歌です。「まことにそのとおり！」と同感される人は昔もいまも多いはずです。

このほかにも、いまでいうエロティックな歌も探せばどんどん出てきます。思い出すまま、列挙しておきましょう。

たらちねの　母が手放《てはな》れ　かくばかり　すべなき事は　いまだ為《せ》なくに　（巻第十一の二三六八）

橘の　寺の長屋に　わが率宿《ゐね》し　童女放髪《うなゐはなり》は　髪上げつらむか　（巻第十六の三八二二）

さ寝《ね》そめて　幾許《いくだ》もあらねば　白妙の　帯乞うべしや　恋も過ぎねば　（巻第十の

（二〇二三）

それぞれの歌の解釈は次のとおりです。

――たらちねの母の手を離れてから、これほど途方にくれるようなことはまだしたことがなかったのに。

――橘寺の長屋に連れ込んで寝た、あの童女放髪《うなゐはなり》の少女は、もう髪上げをして誰かほかの男と結婚しただろうか？

――枕を交わしてからまだいくらもたたないのに、「白妙の帯を締めよ」とおっしゃるのですか？　恋しさがまだ消えないというのに。

それぞれ性質を異にする、さまざまな秀歌を収めた『万葉集』は文字どおり、「日本人の心」のふるさとであり、宝庫であります。

＊

これまで見てきたように、『万葉集』にはさまざまな歌が収められております。そのポイントは以下のようにまとめられます。

① 『古事記』と同様に、漢字でやまとことばを表記しているため、現代のわれわれも当時の言葉の息吹に触れることができる。
② 選歌の基準は、歌に言霊が感じられるかどうかという点にあった。
③ 歌に言霊が感じられれば採用されたから、『万葉集』には、身分に関係なく、天皇の御製から遊女の歌まで収められている。
④ これは日本独自の「歌の前の平等」という思想を表わしている。

第二章

仏教の伝来

日本で初めて仏教を信じた天皇は用明帝

日本に仏教が伝来したのは第二十九代・欽明《きんめい》天皇（在位：五三九年～五七一年）の十三年といいますから、西暦では五五二年のこととされます。北九州など、大陸と交通のあった地域や帰化人のあいだでは、それ以前から仏教は知られていたようですが、先に挙げた年、百済の聖明王《せいめいおう》から仏像と経典が献上され、これをもって正式に「仏教伝来」とされています。

仏教の受容史は『日本書紀』に記されている個々の天皇ごとに見ていくと理解しやすいので、ごく簡単に現代語訳しながら読んでいきましょう。

まず、聖明王から仏像と経典を献上された欽明天皇。

大臣たちにひとりずつこう問いかけられた。「隣国から贈られた仏の顔はキラキラしている。いまだかつて見たこともないほどだ。これを敬うべきだろうか、どうだろうか」とおっしゃられた。すると、大臣・蘇我稲目《そがのいなめ》のいうことには……（巻第十九）

欽明天皇は仏教を敬うべきか否かと迷われた。そこで大臣たちに尋ねてみると、朝鮮半島と関係の深い武内宿禰《たけのうちのすくね》の子孫である蘇我稲目は「隣国ではみな仏像を敬っています。

わが国のみ、どうしてそうしないことがありましょうか」と答えます。いわば、崇仏派です。

それに対して、神武天皇以来の氏族である物部尾輿《もののべのおこし》と中臣鎌子《なかとみのかまこ》は「わが国はずっと神々を祀ってきました。外国の神を祀れば国つ神《くにつかみ》の怒りを招くことになりましょう」といって猛反対しました。こちらはいわば、排仏派です。

意見が割れてしまったため、欽明天皇は蘇我稲目に仏像を下げ渡し、稲目が自分の屋敷内に寺を建て、そうして仏像を拝み始めます。すると、その年に疫病が流行し、多くの人びとが亡くなったといいます。「これは稲目が外国の神を拝んだからだ」といって、物部・中臣の両氏は仏像を奪い、蘇我氏の建てた寺を焼き払ってしまいます。

これが仏教受容史の第一段階です。

次の第三十代・敏達《びだつ》天皇（在位：五七二年〜五八五年）はどうだったかといいますと——、

敏達天皇は欽明天皇の第二子である。母は第二十八代・宣化《せんか》天皇の皇女・石姫《いしひめ》。この敏達天皇は仏法を信じず、学問を好まれた。（巻第二十）

と、ありますから、まあ排仏派といっていいでしょう。

その次、敏達天皇の異母弟である第三十一代・用明天皇（在位：五八五年～五八七年）はどうであったか？『日本書紀』にはこうあります。

用明天皇は欽明天皇の第四子である。母は堅塩媛《きたしひめ》といった。この用明天皇は仏の法《のり》を信じ、また神の道を尊ばれた。（巻第二十一）

したがって、この用明天皇こそがわが国で初めて仏教を信じた天皇となります。それもそのはず、母親の堅塩媛《きたしひめ》という方は蘇我稲目の娘でしたから、間違いなく仏教の信者でした。そこで、その子の用明天皇もまた、仏教を信じることになったのだと考えられます。

天皇と神道

ヨーロッパでいいますと、初めてキリスト教に改宗したローマ帝国皇帝はコンスタンティヌス帝（在位：三二四年～三三七年）です。

それ以前のローマ帝国では、ネロ帝（一世紀）のキリスト教徒迫害からディオクレティアヌス帝（三世紀）の迫害まで、何度かキリスト教徒の受難の時期がありました。それだけに、コンスタンティヌス帝は「初めてのキリスト教徒皇帝」として非常によく知られています。歴史のうえでは、ゴシック文字で特記されるほどの存在です。それはなぜかというに、国家元首が外国の宗教を信じ始めるというのは、まさに「革命」のような出来事だからです。

ところが、日本で「初めての仏教徒天皇」となられた用明天皇のほうはほとんど知られておりません。当時もいまも「初めての仏教徒天皇」を重要視しないばかりか、用明天皇という存在にすら無関心であります。

東西のこの差はいったいどういうことなのか？

私が思うに、欽明天皇→敏達天皇→用明天皇という具合に時がたつうち、仏教が「外国の神」という宗教的性格から一種の「新しい学説」に性格を変えていったからではないでしょうか。あるいは、仏教が神道を脅《おびや》かすような危険なものではないということがだんだんわかってきたからではないか？　さらにいえば、その後の神仏習合に見られるように、仏教は古来の神道を補うようなものであると考えられるようになったからではないか？

じっさい、のちになると、神仏習合によって日本の神々と仏教の仏は一体化されて見られるようになります。

天照大神＝大日如来
八幡神＝阿弥陀如来

熊野権現＝阿弥陀如来……といった具合です。

ここで、もうひとつ指摘しておきたいことがあります。

敏達天皇は仏法を信じなかったけれど、用明天皇は仏法を信じ、用明天皇の第二子である聖徳太子も仏法を信じたといわれます。こういうふうに、皇室の人びとと仏教の関係を語るとき注意しなければいけないのは、そうした方々が神道を信仰するのはあまりにも当たり前のことであるから、それについては述べないという事実です。皇室の人たちの基本にあるのは神道ですから、「あの天皇は神社を重んじられた」などということはいっさい記載されません。

聖徳太子を例に取りましょう。「十七条の憲法」の第二条には「篤《あつ》く三宝を敬え。三宝とは仏《ほとけ》・法《のり》・僧《ほうし》なり」とあります。「篤く神道を敬え。神社を重んじよ」などとは書かれておりません。そのため、「聖徳太子は神道を軽んじた」などという人がいましたが、それはまったくの誤解です。日本人が神道を重んじることは当然すぎることだから、書かなかっただけのことです。それだけの話なのです。

そのことは「初めての仏教徒天皇」用明帝についての『日本書紀』を見ても明らかだと思います。先の引用にもあるとおり、そこではあえて「用明天皇は仏の法を信じ、また神の道を尊ばれた」と、神道についても触れられています。ところが、「法《のり》」と「道《みち》」とではどちらが重要かといったら、それはやはり「道」のほうが優先されるというべきです。

時代はぐっと下りますが、第八十四代・順徳天皇（在位：一二一〇年～二一年）は『禁秘《きんぴ》抄《しょう》』という宮中の作法を記した書物のなかで、こうお書きになっています。

凡《およ》そ禁中（宮中・渡部注）の作法、神事を先にして、他事を後にす。あけくれ敬神の叡慮、懈怠《けたい》無し。

――宮中ではなによりもまず、神を祀ることを心がけなければいけない。明けても暮れても神を敬うことを怠ってはならない、というのですから、「神道第一」は明確に宣言されています。

皇位継承の争いのなかから出た四天王寺建立

ところが、用明天皇の第二子である聖徳太子があたかも〝反神道〟であるかのように見えてしまう局面が出てきます。それは物部氏や中臣氏が伝来した仏教崇拝に反対したことに端を発します。

物部・中臣の両氏は古い時代から天皇家に扈従《こしょう》してきた氏族です。中臣氏の先祖は邇邇《にに》芸命《ぎのみこと》の天孫降臨につき従っていますし、物部氏の先祖は神武天皇が大和にお入りになる前、すでにその地に入っていた邇藝速日命《にぎはやひのみこと》です。その両氏に対し、外国の教えである仏教を背負って勢力を伸ばしてきた蘇我氏の先祖は武内宿禰ですから、神話の時代にはさかのぼりません。そこで物部・中臣氏と蘇我氏という新旧勢力のあいだで権力闘争が起こるわけです。

それはまったく政治的な争いでしたが、蘇我氏が仏教を背負っていたため、一種の宗教戦争のように見える場面もありました。しかし、その争いの実態は、いってみれば皇位継承戦争でした。用明天皇が崩御されると、次の天皇をどなたにするか、という争いになったのです。

物部守屋《もののべのもりや》が用明天皇の異母弟である穴穂部皇子《あなほべのみこ》を推すと、蘇我馬子《そがのうまこ》はのちの崇峻《すしゅん》天皇を担ぎました。この崇峻天皇もまた用明天皇の異母弟でした。

この争いで、蘇我馬子は穴穂部皇子を殺すと、諸豪族を集めて物部氏討伐の大軍を起こします。この軍には聖徳太子も加わっています。それというのも、太子の母が蘇我氏の出だったからです。討伐軍は物部氏の屋敷を攻めるものの、軍事氏族である物部守屋の兵は精強で、討伐軍は三度まで撃退されてしまいます。

そのとき聖徳太子が思い立ったのは、みずからが信じる仏教の力を借りようということでした。戦勝を祈願して四天王（持国天・増長天・広目天・多聞天）の像を刻むと、太子は「戦いに勝利すれば仏塔を建て、仏法の普及に努めます」と誓っています。すると、四回目の戦いでようやく物部氏を滅ぼすことができたので、約束どおり寺を建てます。それがいまの四天王寺（大阪市天王寺区）です。

このように聖徳太子が仏を拝んで〝排仏派〟の物部氏を倒したエピソードから、太子がなんとなく〝崇仏派〟ないし〝反神道派〟に見えてしまうわけです。しかしそれは前にも申し上げたように誤りです。基本はあくまでも神道にあり、そのうえで仏教も重んじたといわなければなりません。

さて、用明天皇が崩御されたあとの皇位継承の争いに話を戻せば——蘇我氏や太子が担いだ崇峻天皇（在位：五八七年〜五九二年）がめでたく第三十二代の天皇に即位されます。ところが政治の実権を握ったのは蘇我馬子でした。そのため、崇峻天皇は不満を募らせます。『日本書紀』によれば、天皇はイノシシを贈られたとき、それを指さし、「このイノシシの首を斬るように、いずれ、憎い奴を斬り捨ててやろう」といったそうです。それを伝え聞き、危険を感じた馬子は先手を打って、なんと天皇を暗殺してしまいます。以下、現代語訳すると次のとおりです。

十一月三日（五九二年・渡部注）、馬子は大臣たちを騙していった、「本日、東国からの貢物《みつぎもの》を天皇に奉る」と。そして、その儀式の場で東漢直駒《やまとのあやのあたいこま》をして天皇を弑《しい》したのである。（巻第二十一）

崇峻天皇は臣下によって殺害された史上ただひとりの天皇です。島流しされた天皇はおりますが、暗殺された天皇はほかにはいません。

さらに付け加えておけば、このとき身の危険を感じた蜂子皇子《はちこのおうじ》（崇峻天皇の第三子）は丹後（現在の京都府）の由良《ゆら》という港から船で北へ向かい、私の故郷である鶴岡市の同名の由良にたどり着き、そこから羽黒山に登り、そして出羽三山を開いたといわれて現在でも祀られています。

聖徳太子一族の悲劇

聖徳太子は、みずからが戦いをしてまで推し立てた崇峻天皇が暗殺されると、「なんたることか」といって大いに嘆いておられます。

ここで注目すべきは、太子は用明天皇のお子さんですから、崇峻天皇のあとを承けて、ご自分も天皇として即位する資格があったことです。じっさいは父・用明天皇の妹に当た

図Ⅰ

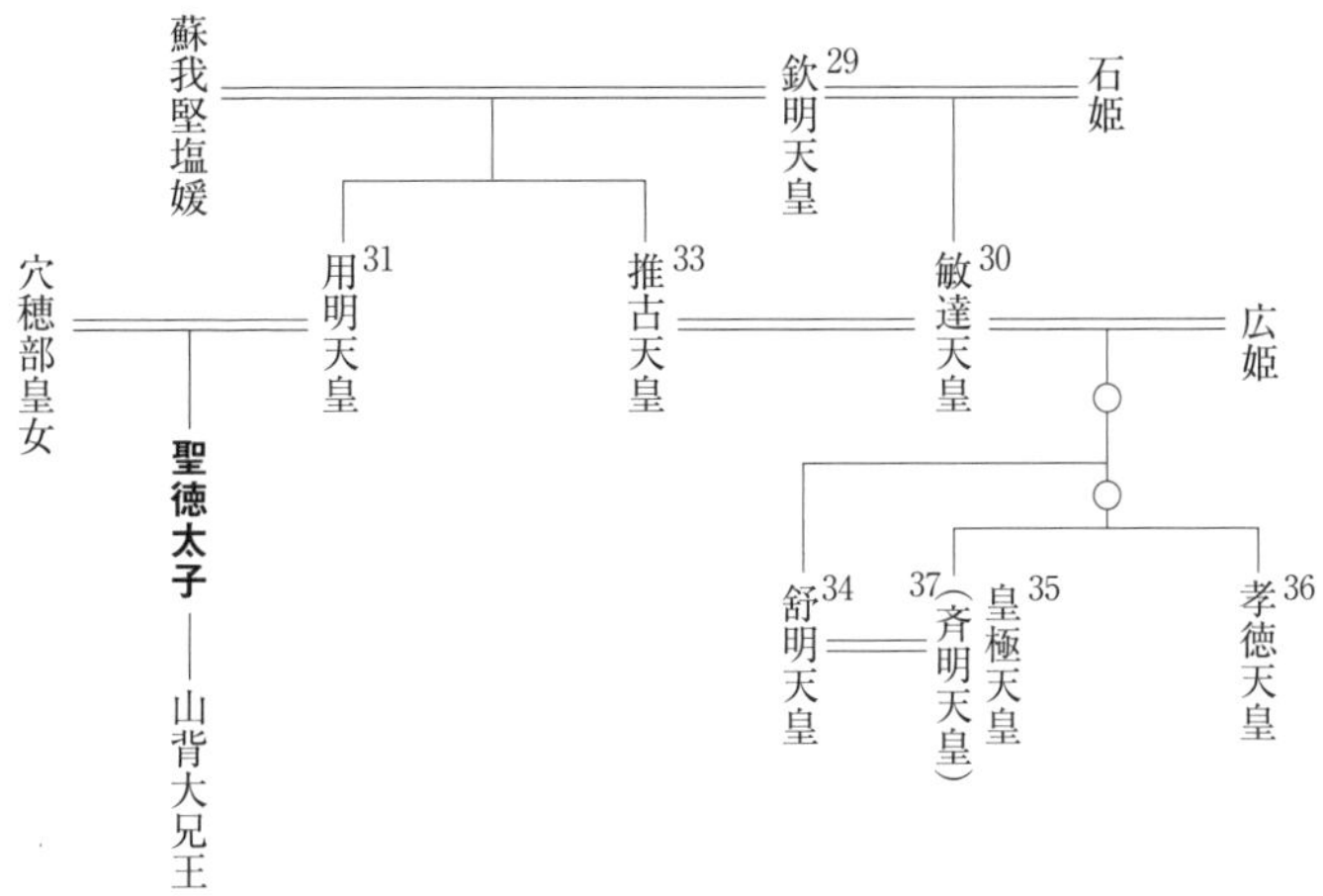

る第三十三代・推古天皇（在位：五九三年～六二八年）が日本初の女帝となり、太子はその摂政を務めることになるわけですが、そんな太子のお子さんたちももちろん天皇になる資格をもっていました。

　聖徳太子には刀自古郎女《とじこのいらつめ》、橘大郎女《たちばなのおおいらつめ》、膳部大郎女《かしわでのおおいらつめ》、菟道貝蛸皇女《うじのかいたこのひめみこ》と四人の夫人があり、最後の菟道貝蛸皇女を除く三人には、それぞれ三男一女、一男一女、四男四女がありましたから、都合十四人のお子さんがいました。男子だけでも、山背大兄王《やましろのおおえのおう》を筆頭に八人。ところが、このお子さんたちはひとり残らず非業の死を遂げているのです。とりわけ、蘇我入鹿に襲われた山背大兄王一家が揃って縊死《いし》するくだりは『日本書紀』第二十四の皇極帝の項で詳述されているとおりです。かくして聖徳太子、すなわち用明天皇の血統は途絶えてしまいます。

そして、聖徳太子亡きあとの一連の流れを見ていくと、『日本書紀』に「仏法を信じず」と書かれた敏達天皇の系統から天皇が出るようになります。第三十四代の舒明《じょめい》天皇に続いて、第三十五代の皇極《こうぎょく》天皇（在位：六四二年～六四五年の女帝）、第三十六代の孝徳《こうとく》天皇（在位：六四五年～六五四年）、そして第三十七代は皇極天皇がふたたび即位した（重祚《ちょうそ》）斉明《さいめい》天皇（在位：六五五年～六六一年の女帝）……と、いずれも敏達天皇の系譜です**（図Ⅰ参照）**。

神道とは何か、仏教とは何か

「仏法を信じず」という敏達天皇の系統から天皇が出るようになったからといって、仏教が衰えてしまったわけではありません。仏教信仰はその後も徐々に広まっていきます。

さてそこで、神道とはなにか、仏教とはなにか、ということをごく簡単に整理しておきましょう。

神道というのはごちゃごちゃした教えがあるわけではありません。人生とはなんぞや、などといったことは教えません。その根本はなにかといったら、先祖崇拝そのものを旨とする真の民族宗教である、ということになります。日本人は日本を創ったイザナキノミコトとイザナミノミコトの子孫ですから、イザナキ・イザナミおよびそれ以降の神々に感謝を捧げる。それが神道です。

それに対して、仏教は悟りを中心にした哲学であり、学問であるというべきでしょう。じっさい、膨大な仏典には哲学、物語、教訓などなど、さまざまな要素が豊かに盛られています。ですから、古代における仏教の受容は、あたかも明治維新を迎えて西洋の学問がどっと入ってきたときのようなものだったということができます。古代でも、文明が進むと、当時の知的な人びとは人生のことを考えるようになり、その答えを求めて仏教に向かったのです。

要するに、古代の人たちは仏教によって悟りを開こうとし、神道によってこの国の神々に感謝を捧げた、ということになります。それはやはり明治維新になってキリスト教が広まると、インテリたちがキリスト教の教えによって悩みを解消したり、人生を考えるようになったりしたこととよく似ています。

そうしたなかで、深く仏教に帰依する天皇も出てきました。そして、もっともっと仏教を学びたくなったらどうしたか……というと、そういう天皇は法皇になりました。天皇として即位しているあいだは神道の祀りが中心ですから、仏教はどうしても二の次にならざるをえない。そこで、どうしても仏教を学びたいという場合は皇位を譲り、法皇ないし上皇となったのです。その代表例としては第四十五代・聖武《しょうむ》天皇（在位：七二四年～七四九年）

を挙げることができます。仏教に帰依した聖武天皇は全国各地に国分寺の建立を命じると、次は東大寺の盧舎那仏《るしゃなぶつ》（いわゆる「奈良の大仏」）の建造に没頭すべく娘に譲位、上皇となっています。そこで即位したのが第四十六代の孝謙天皇（在位：七四九年〜七五八年）です。しかし、前にも申し上げたとおり、日本において神道は究極的に揺らぐことはありません。神社はあくまでも神社なのです。

これに関連してひとつ指摘しておきたいのは、明治時代のプロテスタントがキリスト教の「ゴッド」を「神」と誤訳してしまったことです。誤訳といったのは、その概念からしても、日本の「神」は大文字の「GOD」とはまったくなんの関係もないからです。

その点、仏教の場合は下手に日本語に訳さなかったからよかったと思います。「仏」は「仏」のまま、「菩薩」も「菩薩」のままでした。したがって、「仏」を「神」と混同するようなことは起きませんでした。

ところがキリスト教の場合は、いまもいったように「ゴッド」を「神」と訳したものですから、日本の神さまは非常に迷惑することになりました。戦国時代に日本に入ってきた耶蘇《やそ》教（キリスト教・カトリック）は「ゴッド」を「デウス」と呼んで、「神」とは呼びませんでした。明治以降もそれに倣って、キリスト教の神を「デウス」としていたら、ずいぶんスッキリしたと思います。しかし、それを「神」としてしまったものだから、神道の神とごっちゃになって、かえって日本の神を考えることがむずかしくなってしまいました。それだけでなく、大東亜戦争中、外国から「日本人は天皇を〝ゴッド〟として崇めている」などと、要らぬ誤解を招くことにもなってしまったのです。

日本に宗教戦争はなかった！

神仏が併存した日本は、ほんものの宗教戦争が起こらなかった国です。

先ほど触れた蘇我氏と物部・中臣氏との戦いを宗教戦争のようにいうことがありますが、あれはやはり皇位継承の政治闘争であったと見るべきです。政治戦争でなければ、聖徳太子の子孫たちがみな非業の死を遂げるなどということは起こりえません。

また、織田信長が浄土真宗本願寺派（一向宗）を徹底的に弾圧しましたが（一五七〇年〜八〇年）、あれも宗教上の戦いではなく、自分に刃向かい、大坂の石山本願寺に立て籠もった武装集団を潰した戦いというべきです。比叡山焼き討ち（一五七一年）も、僧兵たちが反信長勢力である浅井・朝倉連合軍に加担して敵対行為に出たからです。だから比叡山に攻め上り、叡山の建物を焼き払ったのです。

いずれも、宗教だから潰したり焼き討ちしたりしたのではなく、敵対する武装勢力であったから、それと戦い、潰したというわけです。

同じことは徳川時代のキリシタン弾圧についてもいえます。

天草四郎を大将にしてキリシタンが一揆を起こした有名な島原の乱（一六三七年）は、戦ってみたらキリシタン軍があまりにも強く、しかも彼らはオランダなどの外国勢力と結託する恐れがあったため、徹底的に潰したのです。徳川幕府というのは、ある意味では臆病な政府でしたから、「今後、外国の勢力と結び付くような勢力が出てこないように」と、鎖国令まで完成させています（一六四一年）。

このように、日本は「宗教戦争」がひとつもなかった国なのです。

仏教を利用した危険な動き〜①蘇我蝦夷と蘇我入鹿

もっとも、仏教は外来宗教ですから、これを利用した危険な動きは見られました。

その最初はこれまで再三触れてきた蘇我氏です。

蘇我氏の先祖は前述したとおり、『古事記』や『日本書紀』によれば、神功皇后の三韓征伐などで活躍した武内宿禰とされています。すなわち、邇藝速日命《にぎはやひのみこと》に連なる物部氏や天児屋命《あめのこやねのみこと》に連なる中臣氏のように先祖が神代までさかのぼることはありません。そして朝鮮半島との関係もありましたから、仏教という外来宗教の受容にも積極的でした。

ここでひと言申し上げておけば、その系図が神代までさかのぼる氏族とそうでない氏族では皇室に対する姿勢が全然違います。そのため、神話の時代までさかのぼることのない氏族が強大な政治的勢力となると、皇位を狙うことも起こりうるのです。げんに、蘇我氏は日本で最初に皇位を狙っています。蘇我蝦夷《そがのえみし》と入鹿《いるか》の父子です。そして、それを防いだのが中大兄皇子《なかのおおえのおうじ》や中臣鎌足《なかとみのかまたり》たちです（六四五年の「大化改新」）。その功績によって、中臣鎌足はのちに内大臣に任じられるとともに「藤原」という姓を与えられ、のちのちまで続く藤原家の始祖となっています。

　このように神代以来の系図をもっている氏族はけっして皇位を狙うことがありません。神代から皇室に仕えてきたという伝承をもち、それを一族の誇りとしてきましたから、絶対に皇位を狙うことがないのです。その顕著な例が、中臣鎌足すなわち藤原鎌足に始まる藤原氏です。

　この世をば　わが世とぞ思ふ　望月の　欠けたることも　なしと思へば（藤原実資《ふじわらのさねすけ》『小右記《しょうゆうき》』に載る）

と詠った藤原道長は皇室に深く喰い込んで

藤原道長（966〜1028）平安時代の貴族。彼の歌「この世をばわが世とぞ思ふ　望月の　欠けたることも　なしと思へば」は批判的に伝えられている。

図Ⅱ

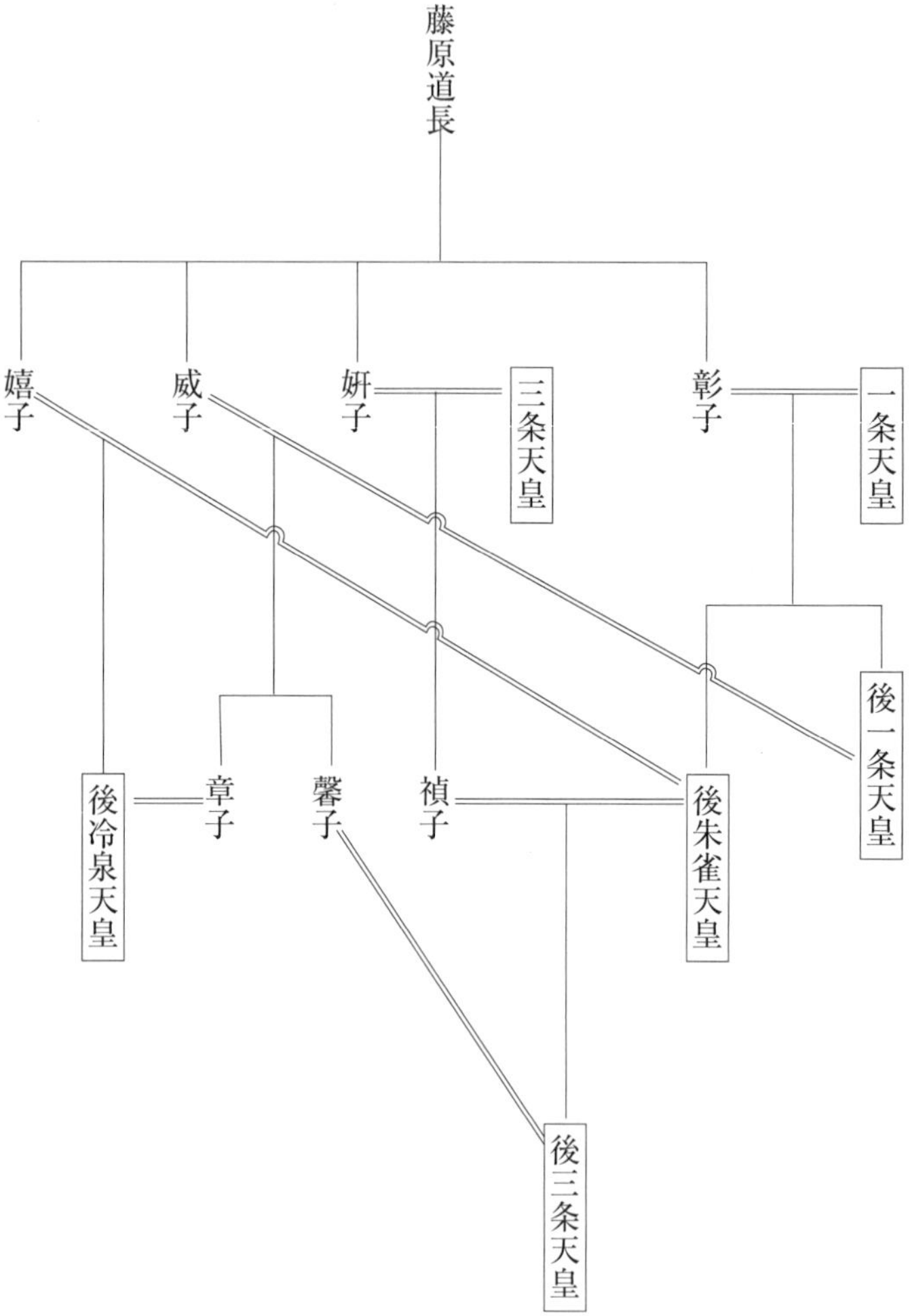
藤原道長
嬉子
威子
妍子
三条天皇
彰子
一条天皇
後一条天皇
後冷泉天皇
章子
馨子
禎子
後朱雀天皇
後三条天皇

いましたが、それでも皇位だけは狙おうとはしませんでした。その華麗なる一族ぶりは図Ⅱを参照いただくとして、簡単に説明すれば次のとおりです。

長女の彰子《しょうし》は一条天皇（第六十六代）の中宮になり、後一条天皇（第六十八代）と後朱雀《ごすざく》天皇（第六十九代）の生母となっています。

次女の妍子《けんし》は三条天皇（第六十七代）の中宮になり、その子・禎子《ていし》内親王は、伯母である彰子の子・後朱雀天皇に嫁いで後三条天皇（第七十一代）を生んでいます。

そして三女（正確には四女）の威子《いし》は後一条天皇の中宮で、その子・章子《しょうし》内親王は後冷泉《ごれいぜい》天皇（第七十代）に、馨子《けいし》内親王は後三条天皇に嫁いでいます。

四女（正確には六女）の嬉子《きし》は後朱雀天皇の東宮妃で、後冷泉天皇の生母です。

一時期は、道長の長女・彰子が太皇太后《たいこうたいごう》、次女・妍子が皇太后、三女の威子が中宮になるという、まことにもって前代にも後代にも例を見ない閨閥をつくり上げています。そのため、「一家立三后《いっかりつさんごう》」と呼ばれたほどでした。

道長は、文字どおり、「この世をばわが世とぞ思ふ」心境でしたが、野心はそこでストップします。天皇の外祖父ないし曾祖父という位置に甘んじたのです。それこそが藤原氏の道徳であり、倫理であり、美学でありました。

そうした慎みこそ、藤原氏が現代に至るまで続いている秘密だといえましょう。近衛家など、この藤原氏の流れに連なっています。

仏教を利用した危険な動き～②道鏡

その次に仏教がらみで皇位が危機にさらされたのはいわゆる「道鏡事件」（七六九年）のときでした。

第四十六代の孝謙天皇は、聖武天皇と光明《こうみょう》皇后のあいだに生まれた内親王（皇女）ですから、女帝です。

母である光明皇后は、「大化改新」で活躍した藤原鎌足の次男・藤原不比等《ふじわらのふひと》の次女で、皇后になられる前は光明子《こうみょうし》といいました。この光明子以前にも皇室入りした臣下の娘は大勢いましたが、正式に皇后になられたのはこの光明子が最初でした。

孝謙天皇はまず七四九年に聖武天皇から譲位され、即位しています。三十一歳の年でした。ただし、このときは上皇・聖武と皇太后となった母親が後見役として実質的な権力を握っていましたので、文字どおり「中継ぎ」という意識が強かったように思われます。そのため、在位九年にして淳仁《じゅんにん》天皇（在位：七五八年～七六四年）に皇位を譲っています。孝謙天皇の大叔父に当たる人でした。

そして母・光明皇太后が亡くなると、上皇となった彼女も病の床に伏せってしまいます。

そのとき祈禱を行い、看病したのが問題の僧・弓削道鏡《ゆげのどうきょう》です。このあたりから皇統の危機が始まります。それというのも、祈禱を機に、彼女はすっかり仏教にのめり込み、道鏡を非常に重んじるようになるからです。

それを苦々しく思った淳仁天皇が「道鏡の重用」を諫めると、怒った上皇は淳仁天皇を廃してしまいます。なにしろ父が聖武天皇、母が藤原氏の出の光明皇后ですから、退位して上皇になったとはいえ、その力は非常に強大でした。そこで、ふたたび天皇の座に返り咲き、重祚《ちょうそ》して、第四十八代・称徳天皇（在位：七六四年〜七七〇年）となったのです。

その称徳天皇は僧・道鏡をいっそう愛されるようになり、太政大臣禅師《だじょうだいじんぜんじ》に取り立て、それでも足りなくて法王にしています。これによって、道鏡の権力はますます強まり、儀式はすべて天皇に準じるようになりました。もちろん、その背後には女帝との男女関係がありました。

かくして道鏡を中心に、一門の僧侶たちが政治の中心に加わりましたから、朝廷では僧俗混淆のさぞかし珍奇な光景が繰り広げられたことでありましょう。

そうなると、いつの時代も登場するのがゴマすりです。

大宰府の主神《かんづかさ》がこう奏上したのです。――「宇佐八幡宮（大分県）の神託には、道鏡を皇位に即《つ》ければ天下太平になるだろうとあるようです」と。これを聞いた道鏡はもちろん、称徳天皇も大いに喜びました。
もっとも称徳女帝も、やはり皇室の人です。ほんとうに道鏡に皇位を譲っていいものか……と悩みます。私は大いに悩まれたと推察しています。そこで、もう一度はっきりした神勅を聞こうということで、宇佐八幡宮に差し向けられたのが和気清麻呂《わけのきよまろ》です。清麻呂は当時宮廷に仕えていた備前（現在の岡山県）出身の豪族です。彼が出発する前、道鏡は「吉報をもたらせば官職位階を上げ、おまえに政治を任せよう」と伝えています。
しかし、和気清麻呂は非常に潔白な人物でしたから、道鏡のそうした誘惑には乗らず、「皇位は皇胤《こういん》（天皇の血統に連なる人）をもってすべきである」という神勅をそのままもって帰りました。『続日本紀《しょくにほんぎ》』を現代語訳すると、こうあります。

天《あま》つ日嗣《ひつぎ》（皇位継承）には必ず皇統の人を立てよ。無道の人（道理に外れた人）は早く払い除けよ。

清麻呂がこの神勅を正直に報告すると、称徳天皇および道鏡は激怒した挙句、清麻呂に「虚偽上奏」の罪を着せ、名も「別部穢麻呂《わけべのきたなまろ》」と改めさせ、大隅（現在の鹿児島県）に流します。その道中、道鏡は清麻呂を暗殺するつもりでしたが、いろいろな奇跡が起って殺されずに済みました。おもしろいのは「イノシシ三百頭が出てきて清麻呂を守った」という逸話です。このエピソードは和気家の文書に残っているそうですが、イノシシというのはおそらく当時の豪族たちと考えるべきでしょう。大隅へ流される道々の豪族たちが、道鏡の差し向けた刺客たちを制して清麻呂を守った、と考えるのが自然です。

こうして和気清麻呂は皇位が道鏡の手に渡るという皇統の危機を救いました。古来、彼が万世一系の皇統を守った大功労者とされるゆえんです。

翌七七〇年に称徳天皇が崩御、その目論見が崩れた道鏡は下野国《しもつけのくに》（現在の栃木県）の寺に流されます。一方の清麻呂は宮廷に戻り、当時、力をもっていた藤原氏の支持もあって非常に重視されました。とりわけ、第五十代・桓武《かんむ》天皇（在位：

和気清麻呂の肖像が入った旧十円札。
©朝日新聞社／amanaimages

七八一年～八〇六年）の時代には高官に取り立てられています。

そして、清麻呂の五男・和気真綱《わけのまつな》は「仏教が二度とこうした悪さをしないように」と、神護寺《じんごじ》を建て、仏教から〝牙〟を抜いてしまいます。それ以来、日本仏教が皇室に対してちょっかいを出す気配はいっさいなくなり、いまでも名門の寺は天皇家のめでたい儀式に際しては祝っています。神道の神社だけでなく、仏教のお寺も皇室行事を寿《ことほ》いでいるのです。インドに発し、シナおよび朝鮮半島を経由して入ってきた外来宗教である仏教はここで完全に「日本仏教」となってしまったのです。

余談を付け加えれば、戦前の高額紙幣である十円札の肖像は和気清麻呂で、裏にはイノシシの絵が描かれていました。そこで、私の親の世代の人たちは十円札のことを「イノシシ」と呼び、懐をポンポンと叩いて「きょうはイノシシが一匹いるから大舟に乗ったつもりで……」などといっていました。現在でいえば、五万円ぐらいの価値があったのではないでしょうか。

もっとも、戦後の教育は占領軍の影響もあって唯物史観の色合いが強くなり、『古事記』や『日本書紀』はまったく無視されてきました。それゆえ、道鏡も称徳天皇も和気清麻呂も、名前すら教えられなくなってしまったようですから、「和気清麻呂」といっても若い人は全然聞いたこともないはずです。戦前であれば、「道鏡事件のようなことが起ることは止めろ！」といえば、電撃のごとく、国民みながわかりました。ところが道鏡も和気清麻呂も知らない戦後の人にはいくらそう忠告してもピンとこないでしょう。

日本は一国だけで成立する孤立文明である

「日本仏教」になってからの仏教は教養や人生観を重んじるようになり、江戸時代に入ってからは学問に重きを置いて宗教活動は二の次になってしまいます。ですから、宗派もあまり関係なくなってしまいました。

一方の神道はどうかというと、その本質は先祖崇拝ですから、信じるとか学ぶとか、そうした努力は必要としません。ご先祖さまに敬意を表するだけでいいのです。その象徴が神殿にある鏡です。その鏡がもつ意味は、そこに天照大神がいらっしゃると思ってもいいし、鏡に照らして自分の心が汚れていないか、みずからを顧みてもいい。だから、ものすごく簡単なのです。

日本にはそうした神道がありましたから、五五二年に仏教が伝来しても皇室は揺らぎませんでした。ここが最重要ポイントです。

ハーバード大学のサミュエル・ハンチントン教授も『文明の衝突』（集英社）という本のなかで世界の文明圏を区分けしたとき、日本の文明を「一国だけで成立する孤立文明である」と規定しています。ちなみに、同教授の区分けした文明圏は次のとおりです。

①中華文明圏
②ヒンドゥー文明圏
③イスラム文明圏
④日本文明
⑤東方正教会文明圏
⑥西欧文明圏
⑦ラテンアメリカ文明圏
⑧アフリカ文明圏

ご覧のとおり、一民族一文明というのは日本だけです。朝鮮半島やベトナムなどは中華文明圏に入りますが、日本は絶対にシナの文明圏には入りません。第一、中華文明圏には日本の皇室に当たるものはないし、神社だってありません。

日本の神社はじつに広大であるという特徴をもっています。私の家の近くの井草八幡宮（東京都杉並区）もかなり広大ですが、宇佐八幡宮とか伊勢神宮（三重県）といったら、これはもうほんとうに大きい。そうした神社が揺るぎなく日本国中にあるのです。

現在、日本の神社の数はひと口に八万社といわれておりますが、これではやはり、日本をひとつの文明圏とせざるをえません。宗教を無視して文明圏を分類することはできないからです。

その意味で、仏教も神道と共存する「日本仏教」というべきでしょう。タイやカンボジア、ミャンマーといった仏教国の仏教とはかなり異なります。

私の家もそうですが、日本の庶民の家は神棚があって、その下に仏壇があります。そして庭にはお稲荷さんがあることもあります。ですから、まだ大学に入って東京に出る前は、私は毎朝、朝食の前に慌ただしく、神棚の前で手をパチパチ、仏壇でチーン、それから庭のお稲荷さんにへーッと頭を下げていたものです。

何百年もそういうことを続けてきたのが日本人なのです。

＊

本章のテーマである仏教をめぐっては、次のようにまとめることができます。

①　五五二年、欽明天皇の時代に伝来した仏教は、それを崇めるべきか否かで国論を二分したが、欽明天皇の第四子・用明天皇が仏教を信じる最初の天皇となった。

②　といっても、用明帝が神道から仏教に改宗したわけではない。天皇が神を祀るのは当

然のことだから、あえて神道に言及しないだけのことである。

③　その後、崇仏派の蘇我氏と排仏派の物部氏のあいだで争いが起こったが、これは「宗教戦争」ではなく、皇位継承の戦いであった。日本では宗教戦争は起こらなかったといえる。

④　外来宗教である仏教をめぐっては皇室の危機が二度あったが、それを克服すると、仏教は一種の学問・哲学となり、「日本仏教」に変身した。

⑤　その「日本仏教」は、先祖崇拝の教えである神道と併存しながら今日《こんにち》に至り、一民族一文明という日本の特質を形成することになった。

第四章

日本人の自然観

神の生んだ島の〝総地主〟は天皇である

日本人の自然観も日本の神々と大いに関係があります。というのも、日本の歴史は究極的に日本の神話と地続きであり、『古事記』の時代から日本は自然豊かな島国であると考えられてきたからです。そして、その島々をお創りになったのはイザナキノミコト・イザナミノミコトとされていました。

『古事記』上巻のそのあたりのくだりを現代語訳して読んでおきましょう。

イザナキノミコトが先に「ああ、なんとすばらしい乙女よ」といい、そのあとでイザナミノミコトが「ああ、なんとすばらしい男子よ」と応えた。そういい終えてから結び合われて生んだ子が淡路島である。次に四国をお生みになった。この島は、体はひとつでありながら顔が四つあって、その顔ごとに名前があった。伊予の国はエヒメといい、讃岐の国はイヒヨリヒコといい、阿波の国はオホゲツヒメといい、土佐の国はタケヨリワケといった。……

これ以後、隠岐《おき》の島、九州、壱岐《いき》の島、対馬《つしま》、佐渡、本州と生んでいきます。淡路島から数えて本州まで、合わせて八島。「この八つの島を先に生んだので日本を大八島国《おおやしまぐに》というのである」とあります。

すでに述べたとおり、『古事記』がまとめられたのは七一二年です。その時代の神話としてこの「国生み」があるわけですから、いまから見れば三千年以上前の出来事と想定されていたと考えていいでしょう。そのとき、皇室はこのイザナキ・イザナミの直系ですから、神話的にいえば天皇は日本の〝総地主〟ということになります。

そうした意識は昔からあったと思います。

一一九二年、源頼朝は武力で全国を制圧し、各地に守護、地頭を置き、そこに御家人を配しました。島津家にしても毛利家にしても、本を正せば頼朝の御家人です。しかし、神話的には日本のほんとうの〝地主〟は天皇家であることを知っていました。それゆえ、絶対に天皇の位には手を出さなかったのです。

イザナキ・イザナミが島々を生んだ、という神話は少々ほかの国とは異なります。というのも、諸外国の神話は「神が宇宙を創造した」とか、「この世界をお創りになった」というわけですから、わが国の「国生み」「島生み」の神話に比べたら大柄ではありますが、ちょっと茫漠としていて、焦点が少しボケます。その点、日本の神話は、われわれの住むこの島を神さまが生んだのだというのですから、実感が湧いてきます。言い換えれば、われわれの先祖はこの国の山河をわれわれと別のものとは考えず、等しく神さまのお創りになったものと見たのです。だからこそ日本人は、自分たちを取り巻く自然に強い親近感を覚え、そしてそれが国民性のひとつとなったのです。

日本人のように土地に対して強い意識をもつ民族を強いて探せば、やはりユダヤ人のイスラエルということになるでしょう。『旧約聖書』を信じれば――神はアブラハムに対してカナンの地、すなわち現在のパレスチナを与えると約束し、さらにはその孫のヤコブにも同じ約束をしています。後者の場合、「創世記」には次のように記されています。

主《しゅ》が彼（ヤコブ・渡部注）のかたわらに立っておられた。そして仰せられた。「わたしはあなたの父アブラハムの神、イサクの神、**主**である。わたしはあなたが横たわっているこの地（カナン・渡部注）を、あなたとあなたの子孫とに与える。

あなたの子孫は地のちりのように多くなり、あなたは、西、東、北、南へと広がり、地上のすべての民族は、あなたとあなたの子孫によって祝福される。……」（新改訳版、28：13～14）

『旧約聖書』を信じるならば、ユダヤ人は「あのパレスチナのあたりはおれたちの土地だ」ということになります。それと同じように、われわれ日本人の先祖も神さまの生んだこの島々を自分たちの国だと信じてきたのです。

これだけ異なる日本人の自然観と西洋人の自然観

イザナキ・イザナミというのは神さまですから、おふたりが生んだ島の自然も尊いものと感じられます。古代の人たちにはそうした意識があったはずだし、いまでも皇室の方々にはその意識が強くおありだと思います。

自分たちは神さまが生んだ自然のなかに生きているのだと、どこかでかすかに感じることは基本的に西洋人などと異なるところです。山ひとつとってみても、ヨーロッパの人たちが「それを征服する」と考えるのに対し、日本人は山を目にすると、それを尊敬します。

たとえば、『万葉集』巻第三の三一七には富士山を詠った山部赤人の長歌があります

天地《あめつち》の　分れし時ゆ　神《かむ》さびて　高く貴き　駿河なる　布士《ふじ》の高嶺を　天《あま》の原　振《ふ》り放《さ》け見れば　渡る日の　影も隠らひ　照る月の　光も見えず　白雲も　い行きはばかり　時じくそ　雪は降りける　語り継ぎ　言ひ継ぎ行かむ　不尽《ふじ》の高嶺は

――天地が分かれたときから神々しい、高く尊い富士山を仰いで見ると、陽の光もその

頂きに隠れ、月の光も遮られ、白雲も流れなずんで、いつでも雪が降っている。これからも語り継いでいこう、この富士の高嶺を、といったほどの歌ですが、日本人の山岳信仰をよく表わしています。

こうした自然に対する姿勢の違いは、やはり相当に異なる文化を生むことになったといえます。

自然に八百万《やおよろず》の神々を感じることのない西洋人は、木に対しても「神が宿っている」などとは考えませんから、邪魔な木はどんどん伐採してしまいます。そうして苛酷な自然を克服しようとします。また、石や草や鳥獣虫魚を切り刻んでも祟りなど恐れることがないから、どんどん刻んで分析する。そうすることに彼らはなんのタブーも感じない。そうした合理的な姿勢から西洋流の自然科学が生まれます。そして、その科学は数々の発明や発見を可能にし、それが産業革命にまでつながっていったといえます。

それに対して、われわれ日本人はどんな姿勢で自然に向かったかといえば、花を愛《め》で、月や星を眺め、風の音に耳を傾け、そうして「風流」を感じてきたのです。

東西の文化的な相違を脳から説明したものとして、一時もてはやされたのが東京医科歯科大学の角田忠信《つのだただのぶ》名誉教授の『日本人の脳』（大修館書店）という本でした。その説によれば——私たち日本人は虫の音《ね》を聞いていろんな思いを抱くのに対して、西洋人は単なるノイズとしてしか認識しないといいます。それはなぜか？　脳には左脳（言語脳）と右脳（音楽脳）があり、日本人は虫の音を左脳（言語脳）で処理するのに対し、西洋人は右脳（音楽脳）で処理するからだ、というのが「角田説」です。右脳（音楽脳）で処理する西洋人は虫の音を意味あるものとしては受け取らない。だから、ノイズに聞こえてしまう。しかし、日本人は左脳（言語脳）で処理するから、そこに意味を感じ取る。風の音にも風流を感じるというのです。

この理論に立てば、芭蕉の句——、

松尾芭蕉（1644〜1694）江戸時代の俳諧師。

閑さや　岩にしみ入る　蝉の声

これはヨーロッパの人たちには絶対につくれない句ということになります。小川のせせらぎに安らぎを覚え、虫の音に耳を澄ませ、風の音に季節の移り変わりを感じる……というのは特殊日本的な感覚なのかもしれません。

川端康成には『山の音』（新潮文庫）という傑

作があります。ふと耳にした山の音を死期の告知と恐れながらも、息子の嫁にほのかな恋情を抱く老人を主人公にした物語です。「山の音」をモチーフにした、こういう小説はヨーロッパではなかなか生まれることがないでしょう。

そこで話を山に戻せば、山に対する尊敬の象徴としてあるのが神社です。私の田舎のことでいえば、羽黒山、月山《がっさん》、湯殿山《ゆどのさん》という「出羽三山」にはみな神社があります。

それで思い出したのは、ずいぶん前、フジテレビの番組で竹村健一さんといっしょにオーストラリアへ行ったときのことです。「世界で二番目に大きい一枚岩（標高八〇〇メートル強、周囲は約九キロ）」として世界遺産に登録されているエアーズ・ロックの近くで収録をしたのです。そのエアーズ・ロックを見上げながら、「ああ、日本と違うなあ。これだけすばらしい岩山があったら必ず上に神社があって鳥居が建っているのに……」と、ふたりで話し合ったものでした。

立派な岩山ですから、先住民も「神聖」を感じたはずなのに、彼らはその「神聖」を表現する仕方を知らなかったのでしょう。

日本人は違います。先ほどの富士山にだって浅間大社《せんげんたいしゃ》があります。祭神は『古事記』にも登場する木花咲耶姫《このはなのさくやひめ》です。日本人には自然を尊ぶ伝統がありますから、身の回りの自然に対していつも尊敬を忘れないのです。

苛酷な自然におののいてきたから自然の恵みにも感謝した

同時に、自然に対して恐れおののく気持ちがあったことも見逃すことはできません。

先ほどの話でいえば、西洋人が自然を「克服すべき対象である」と考えたのはヨーロッパには台風や地震がなかったためではないでしょうか。自然と戦っても勝てそうな気がする。ところが日本の場合は、大地は揺れる、暴風雨は襲ってくる……。これでは自然に立ち向かってもとても勝てそうにない。そこで自然に対して恐れおののくという態度が生まれたと考えることができそうです。海が荒れれば浜辺に神社を建て、崖崩れが起こればその近くの小高い山などに神社を建て、荒ぶる自然の神を鎮めようとしてきました。いってみれば、自然は人間よりも偉かったのです。

平安時代の貴族たちも大きな天変地異に襲われると、大いに恐れおののき、悪政が神々の怒りを買ったのではないかなどと恐れています。その代表的な例が「道真《みちざね》の怨霊」でしょう。

九〇一年、右大臣・菅原道真は政敵・藤原時平《ふじわらのときひら》の讒言《ざんげん》によって職を解かれ、大宰府に流されます。そして、その翌々年に没すると、その後の京では異変が相次ぎました。まず、政敵・時平が三十九歳の若さで亡くなると、皇子たちも次々に病死。さらには朝議中の清涼殿が落雷を受け、朝廷要人に多くの死傷者が出ました。こうした異変を「道真の祟り」

三保の松原　静岡県静岡市清水区の三保半島にある景勝地。その美しさから日本新三景（大沼、耶馬溪）、日本三大松原（虹の松原、気比の松原）のひとつ。歌川広重・画。©Bridgeman Images／amanaimages

と考えた朝廷は慌てて道真の罪を赦すとともに贈位を行っています。

これを裏返すと――今度は、豊漁でも豊作でも自然からの「お恵み」と受け取るようになります。鯨を獲っている地方では鯨を祀る神社がありますし、私の故郷・山形県には「草木塔《そうもくとう》」といって自然の木や草の命をたいせつに思い、その命を供養する自然石の碑があります。その石にはたいてい「山川草木悉皆成仏《さんせんそうもくしっかいじょうぶつ》」などといった碑文が刻まれています。

世界中の農耕民がどこでも自然の恵みに感謝してきたことは間違いありませんが、草や木まで崇める伝統のある日本人の感謝の仕方は、そのなかでもいちばん深かったといえそうです。

それだけに、日本人は環境問題になるときわめて敏感になるところがあります。

私の記憶によれば、戦後の高度成長時代、日本の環境はものすごく悪化しました。川や沼、池などの底に沈殿した有機物の混じった泥を意味する「ヘドロ」という言葉が使われ始めたのもそのころです。たしか一九六〇年代のことだと思いますが、白砂青松の景勝地として有名な三保の松原（静岡県静岡市）の周辺に製紙工場群が建ち並び、そこから排出される大量のヘドロが問題になりました。すると、日本中の人が電撃的な反応を見せ、一挙に環境運動が広まったのです。「三保の松原」といったら、羽衣伝説の舞台であると同時に、そこから富士山が美しく見える田子の浦（静岡県富士市）近辺にあります。

田子の浦は、前に引いた赤人の長歌の反歌（巻第三の三一八）に出てきます。

田児《たご》の浦ゆ　うち出《い》でてみれば　真白にぞ　不尽《ふじ》の高嶺に　雪は降りける

――広い田子の浦を通って出て見ると、真っ白に富士の高嶺に雪が降っていた、と詠まれる田子の浦は『万葉集』に出てくるほど有名な自然なのです。そこがヘドロまみれになっていると聞いたら、多くの人たちが「たいへんだ〜ッ」となったのも当然の話でしょう。日本中が大騒ぎになって、そしてその後、改善されたことをよく記憶しています。

「死んだら父祖の地に」という日本人の思い

第一章でご紹介した上智大学の佐藤幹二先生はこんな意味のことをおっしゃっていました。――島国の同じ場所に住んできた日本人が、晩年になって安らかに死ねるのは、自分の先祖が長いあいだ排尿・排便をしてきた便所のある家で死ぬからである、と。

昔は糞尿を肥料にしていました。その肥料は米や野菜を育て、そうして収穫した食物は自分でも食べました。そうすると、食べた物はまた糞尿になります。糞尿↓肥料↓食物↓糞尿……というサイクルは古代から近年まで続いてきました。そう考えると、「自分たちは先祖の糞尿が転じたものによって生かされている」という実感が湧いてきます。そうなれば、「自分のこの命も子孫につながっていく……」と感じられる。「だから、安心して死ねる」と、佐藤先生はおっしゃったのです。

それを聞いて、学生時代の私もちょっと感心した記憶があります。こうした命の永続性は明治以降の近代化によって相当に薄められてきましたが、われわれ日本人の心のどこかにＤＮＡとして残っているように思います。

戦後の遺骨収集というのもかなり日本的だといわれています。

評論家の佐々淳行《さっさあつゆき》さんが香港領事をなさっていたときですから、一九六〇年代半ばのころの話です。当時、香港には八百人前後の日本兵が埋められていたそうです。ご承知のとおり、そのころの香港はイギリスの統治下にありましたから、遺骨収集をするにはイギリス政府の許可を取る必要がありました。その許可が下り、遺骨を掘り出すことになったら、イギリス総督府の兵士たちが「なんで、そんなことをするんだ？」と訊いてきたといいます。それはどういうことかというと、「魂は不滅である」と考えるキリスト教圏の人たちは「戦死した兵士たちはその場所に埋めればいいじゃないか」と考えるからです。しかし、日本人の場合は「それではかわいそうだ」と考えます。「やっぱり彼らが生まれ育った日本の土に埋めてやりたい」と思うわけです。

そう説明した佐々さんは何人かの人夫を雇い、掘る時間も決めます。そして、掘る前にみんなで「海ゆかば」を歌ったといいます。あの歌は、もともとは『万葉集』に出てくる大伴家持《おおとものやかもち》の長歌の一節です。

……海行《ゆ》かば　水浸《みづ》く屍《かばね》　山行かば　草生《くさむ》す屍　大君《おほきみ》の　辺《へ》にこそ死なめ　顧みはせじと言立《いひた》て　……（巻第十八の四〇九四）

――海に征《い》けば水に浸《つ》かる屍《しかばね》、山で戦えば草のはえる屍、天皇のかたわらで死のう、わが身のことは考えずに……といったほどの意味の歌です。大伴氏は元来が軍事的部民を率いる氏族でしたから、こういう歌が詠まれたのでしょう。

それはともかく、「海ゆかば」を歌うと、イギリス人たちが「その歌はなんだ？」と訊いてきた。そこで、佐々さんが「海軍の挽歌である」と答えると敬礼をしてくれたといいます。それから一所懸命、みんなで掘った。佐々さんも掘った。人夫たちも雇い主が一所懸命に掘っているから頑張った。そうしたらイギリス兵たちもそこに加わってくれたというのです。おかげで、予定より早く作業を終えることができたといいます。そして終わると、イギリス兵たちは再度、敬礼してくれたそうです。

とはいえ、日本人の遺骨収集というのはやはり、キリスト教国の人たちにはピンとこないかもしれません。前に申し上げたように、彼らは「肉体なんて、どうでもいいじゃないか。魂さえ不滅であれば」と考えるからです。ところが、「魂は靖国神社に祀られている」と考える日本人でも、「肉体も、できることなら父祖の地に戻してやりたい」と思うのです。「骨の一部でも祖国の自然に戻してあげたい」と。東西では根本的に発想の違いがあるようです。最近ではたしかに、「死んだら海に散骨してほしい」という人も出てきているようですが、それはやはり新しい思想で、大部分の人は「祖国の地に埋めてもらいたい」と思っています。

それに関連していえば、江戸時代以降の天皇はこれまで火葬ではなく土葬でしたが、今《きん》上天皇《じょうてんのう》は火葬を決断されたようです。毎日新聞は以下のように報じていました。

天皇、皇后両陛下の「ご喪儀」の在り方を検討していた宮内庁は14日、葬法を火葬とすると発表した。天皇の葬法は江戸時代前期から土葬で、火葬は１６１７年に亡くなった後陽成《ごようぜい》天皇を最後に途絶えていた。両陛下の墓所にあたる「陵」については、ひとつの陵への「合葬」でなく、隣り合わせにして一体的に造成することで従来より規模を縮小する。両陛下による簡素化の意向を踏まえたもので、皇太子さまや秋篠宮さまの了承も得ているという。（二〇一三年十一月十四日付）

土葬から火葬に変わっても、イザナキ・イザナミの神がお創りになった地にある御陵にお入りになるという点ではこれまでと変わることはありません。

季節の移ろいにきわめて繊細な日本人の感性

日本では人は自然と対立するものではないという発想が強くあります。それは多くの未開民族と共通する自然観かもしれません。それは自然に寄り添う考え方です。これがどこからきているかというと、四季がくっきりしているせいではないでしょうか。春夏秋冬という四季が明瞭な国の自然観と、それがはっきりしていない国のそれとでは質的に大きく異なると思います。

日本人は四季の移り変わりを敏感に察知するし、自然の微妙な移ろいを感知します。そうした感性のなかから生まれてきたのが和歌であり、俳句です。いまでも多くの人が短歌や俳句をつくっています。ともに短詩型文学ですが、それにかかわる人を「詩人」と呼べば、日本にはいかに詩人が多いことでしょう！　こんな国はほかには見当たりません。

しかも、俳句は必ず季語を入れなければなりません。「五・七・五」のわずか十七文字のうちに季語を入れ、季節がわかるようにしなければいけないというルールがありますから、日本の「詩人」たちはプロもアマチュアも自然の移り変わりに神経を研ぎ澄ますことになります。季節の微妙な変わり目を詠んだ和歌もあります。

たとえば、『古今和歌集』巻四の一六九の藤原敏行《ふじわらのとしゆき》の「秋立つ日詠める」という歌。

秋来《き》ぬと　目にはさやかに　見えねども　風の音にぞ　驚かれぬる

――秋がきたと、目にはっきり見えるわけではないけれども、風の音ではっと秋の訪れに気がついた、という歌です。この背後には「立秋の日から風が吹き増さる」という当時の生活実感があります。それを基本に据えて、「目に見る」と「音に聞く」という対比のもとに季節の推移への気づきを詠んだのです。こうした季節感に関して、最近、私が感心したのは松尾芭蕉の『野ざらし紀行』にある一句です。

山路《やまじ》来て　何やらゆかし　すみれ草《ぐさ》

――春の山道を越えてきて、ふと道端に目をやると、かれんなすみれが咲いている。何となく心惹かれることよ。

芭蕉の江戸における門下に榎本《えのもと》（宝井）其角《きかく》という人がいます。蕉門十哲《しょうもんじってつ》の第一の門弟で、「鐘ひとつ　売れぬ日はなし　江戸の春」（めったに売れそうもない寺の梵鐘ですら毎日売れる。それほど賑わっている、大江戸のめでたい新春よ）といった句で知られる俳人です。もちろん、いろんな花についても句作しておりますが、「すみれ」に関してだけは句がつくられていない。それに気が付いた人がいて、其角に「どうして先生にはすみれの句がないのですか」と訊いたそうです。すると、其角は「いやあ」といってから、こう続けたといわれています。「すみれについては〝何やらゆかし〟という句があるではないか。あれ以外の詠み方はないのだよ」と。

春、すみれの花が咲いているのを見かけると、ほんとうに「何やらゆかし」という思いがしてくる。この感じ方はもう絶対だと、其角はいいたかったのでしょう。

桜もそうです。日本にやってくると、外国の人たちも桜に浮かれます。千鳥ヶ淵や靖国神社の花見のシーズンになると、このごろは外国人の姿をじつによく見かけるようになりました。第一章でも引用した業平の歌――「世の中に　たえて桜の　なかりせば　春の心は　のどけからまし」という思いは、日本にくると、外国の人たちの心にも芽生えるからではないでしょうか。これが日本の自然観なのです。

大輪の花のみごとさは世界中の人たちが誰でも感じます。でも、「すみれは何だかゆかしいなあ」とか、「桜は花が散るところもいいなあ」といった感性はやはり日本的なものなのです。

『古今和歌集』巻第二の八四、紀友則《きのとものり》にはこんな歌があります。

ひさかたの　光のどけき　春の日に　しづ心なく　花の散るらむ

――光がこんなにものどかな春の日に、どうして桜の花は、はらはらと散っていくのだろう?

花の命をまっとうした輝かしい桜の色と背景の青い空。その対比を詠ったこの歌は、もう「絶唱」というしかありません。こういう歌に接すると、おのずから、「日本はなんとやさしい、いい国であることか」という気になってきます。

日本人の自然観を培った平安文化

こうした自然観が極致に達したのが平安時代の文学です。『古今和歌集』や『新古今和歌集』に詠われている季節に対する微妙な感覚、そこには驚嘆すべき繊細さがあります。また、隣に唐という大国があり、そこには大文学があるというのに、その漢語はほとんど用いず、やまとことばだけで『源氏物語』や『伊勢物語』といった秀れた物語文学を生み出したというのも、じつに偉大なことでした。

この両者の背後にあるのは、宣長が「朝日にゝほふ　山ざくら花」と詠んだ大和心です。大和心とは、日本の自然を感じる気持ち、というべきです。

頼山陽の詩には、こうあります。

花より明《あ》くる　三芳野の　春の曙　見渡せば　唐土人《もろこしびと》も　高麗人《こまびと》も　大和心に　なりぬべし

ここでは解釈を省きますが、もちろん、「花」というのは桜です。そうした桜の花が幻想的に咲き乱れる光景に接したら……シナの人も朝鮮の人も、どうしたって大和心を感じずにはいられない。まさに「大和心になりぬべし」です。

『古今和歌集』巻第一の五六に出てくる素性法師《そせいほうし》の歌も鮮やかです。

見渡せば　柳桜《やなぎさくら》を　こきまぜて　都ぞ春の　錦なりける

——京の都を見渡せば、芽吹いた柳と咲き誇る桜が交ざり合っている。これぞ春の錦の美しさではないか。

やはり桜の花は、日本の自然美の極致といえます。

同時に、日本人の自然観にはその反対面もあります。光強ければ陰また濃し、といわれるように「はかなさ」や「うつろい」に敏感な心です。柿本人麻呂は廃墟と化した、かつての近江の都に立って長歌を詠んでいます。

……　天皇《すめろぎ》の　神の尊《みこと》の　大宮は　此処と聞けども　大殿は　此処と言へども　春草《はるくさ》の

繁く生《お》ひたる　霞立ち　春日《はるひ》の霧《き》れる　ももしきの　大宮処　見れば悲しも　（『万葉集』巻第一の二九）

――天智《てんじ》天皇の大宮はここだったと聞くが、また大殿はここだったといわれるが、春の草がいたずらに繁茂し、春の霞が煙っている。かつて大宮のあったあたりを見るのは悲しい、という意味です。人麻呂は廃墟や死を契機にして過ぎゆく時間を鋭敏に表現した最初の歌人でした。

そんな感性を継承して、大伴家持はこう詠んでいます。

うらうらに　照れる春日《はるひ》に　雲雀《ひばり》あがり　情《こころ》悲しも　独りしおもへば　（『万葉集』巻第十九の四二九二）

――うららかな春の日、ひばりが飛んでいるが、心は悲しい。ひとりものを思っているからだ。

春たけなわだけに、かえって悲しみが胸にこみ上げてくるというのです。「光強ければ陰また濃し」という自然観はこんなところにも結実しています。

このような豊かな自然観を培った平安時代はじつに平和な時代でした。三百年近くのあいだ、京都では死刑が一度も行われなかったといわれます。たとえ「死刑」の宣告が下っても、島流しで終わったというのです。そういう時代が『古今集』『新古今集』という秀れた歌集を生んだのです。

＊

日本人の自然観については、次のようにまとめることができます。

① 日本の島々を生んだのはイザナキ・イザナミであり、したがって皇室はその〝総地主〟である。

② 神の生んだ国であるから、その自然も尊んだ。同時に、死んだらその土に帰りたいと感じるのも日本人の特徴といえよう。

③ 魚であれ、米であれ、草木であれ、自然に感謝する文化であるから、自然を克服しようとしてきた西洋の文化とは対照的だ。

④ 日本には明瞭に四季があるため、季節の移ろいに敏感であり、さまざまな秀歌や秀句も生まれた。

第五章

武士道と騎士道と女の道

大和魂の本質は桜と同様、散るところにあり

三百年間、死刑のなかった平安時代が終わると、武家の時代になります。これは前とは正反対の時代です。それを象徴しているのが切腹です。

武士道ではなぜ切腹するかといったら、腹を切ると苦しいからです。即死しないため、最期まで苦しむ。わざわざ苦しむために切腹をするわけですから、武士道というのはまことに凄絶な世界です。そして、切腹して苦しんでいる武士の首を斬り落としてやるのが、「武士の情け」です。

こうした世界を貫いているのが大和魂です。

前節で見たのは大和心でしたが、これを日本の「女性原理」とすれば、大和魂は「男性原理」ということになります。日本においては、この双方が非常に鮮やかなかたちで表われているということができます。

アメリカの文化人類学者ルース・ベネディクトが大東亜戦争中の日本に関する研究調査に基づき、戦後すぐの時期に『菊と刀』（光文社古典新訳文庫など）という本を出版しました。多くの批判があるこの本の内容についてはひとまず措《お》くとして、そのタイトルのみを問題にすれば、「菊」とは花であり、「刀」は兜も断つべしといわれた武器であります。その含意は——日本人は礼儀正しいといわれる一方、不遜で尊大だといわれることもある。ある

いは美を愛し、菊づくりに精魂込める一方、力を崇拝し武士に最高の栄誉を与える。菊と刀は日本人を表徴する一枚の紙の裏オモテのようなものである、といった思いがあったのではないかと考えられます。

そうであるとすれば、「菊」は大和心に相当し、「刀」は大和魂に相当するといっていいでしょう。

私の感覚では——大和心も大和魂も両方とも胸の内にあって、大和心はまことに快くコロコロとしている。一方、大和魂は重く大きい玉のようにドンと居坐っている。どうもそんなイメージをもっています。大和心のほうは、先に挙げた「花より明くる　三芳野の春の曙　見渡せば　……」といった感じがあり、武士道を支える大和魂は「しづ心なく花の散るらむ」といった感じがします。

じっさい桜花はみな一斉に咲き、咲き誇ったかと思うと、みな一斉に散ってゆく。どこか日本人に似たところがあります。そして、それは「同期の桜」の歌詞にも通じているのです。

貴様と俺とは　同期の桜
同じ兵学校の　庭に咲く

特攻機　桜花　日本海軍が太平洋戦争中に開発した特殊滑空機。特攻兵器として開発され、実戦に投入された。

咲いた花なら　散るのは覚悟
みごと散りましょ　国のため

戦争中の特攻隊もこの「散る桜」をイメージしていました。特攻隊は本来、大和魂にかかわるものですが、その名だけは本居宣長の「やまとごゝろ」の歌から付けられていました。「敷島隊」「大和隊」「朝日隊」「山桜隊」……といった具合です。もっとも、戦争もいよいよ押し詰まってくると、名前が足りなくなったのでしょう、「勇武隊」とか「忠誠隊」、果ては「彗星隊」という隊名まで登場しています。

また、機首部に大型の徹甲爆弾を搭載した特殊滑空機は「桜花《おうか》」といいました。いうまでもなく、「みごと散りましょ　国のため」

という含意があったのでしょう。

武士は「武士団」を離れては生きられなかった

大和魂は「武士団」の心がけから生まれたといえます。

では、武士団とはどういうものか？　それを非常に簡単にいいますと――そこから離れたら個人としては生きられない、という世界です。主君を守って戦い抜かなくては生きられないのです。

それはなぜかといえば、答えは「侍」という文字のなかに隠れています。サムライというのは「さぶらふ」という言葉に由来しています。これは主君のそばに控えるという意味ですが、何のために控えるかといえば、いざというときの命令を待っているのです。

「いざというとき」というのが戦いのときであることはいうまでもありません。戦いに備えてさぶらうから、侍といったのです。

そして、「いざ決戦！」となったら命を懸けて主君を守る。その代わり、主君のほうは侍たちの土地を保証し、安堵《あんど》する。そうした〝契約関係〟にあるのが武士団です。両者のあいだに厚い信頼関係ができると、戦《いく》さで主君が危地に陥るとその身代わりになって死ぬ武士が出てくる。赤穂浪士のように、主君が辱められたときは恨みを晴らそうと立ち上が

足利義輝（1536〜1565）室町時代後期（戦国時代）の室町幕府第13代征夷大将軍（在職：1546年〜1565年）。国立民俗博物館蔵。

る義士も出てきます。

武士団とはミツバチの世界とたいへんよく似ています。ミツバチは巣を襲われそうになると、みな、命懸けで防御したり反撃したりします。巣がやられれば、そのミツバチは全部死にます。主君は巣なのです。それと同じ原理が武士団の基本にあるのです。

鎌倉時代以降、主君と家臣の関係は時代とともに洗練されたかたちになっていきます。そのシンボルともいうべきものが刀です。

刀というのは非常に美しいもので、またよく斬れます。ただし、あまりにも美しいものだから使えない、という一面もありました。名刀を使ってバッサバッサと斬りまくったのは剣聖といわれた塚原卜伝《つかはらぼくでん》の指南を受けた室町幕府の第十三代将軍・足利義輝ぐらいのものではないでしょうか。

幕府の権力掌握を目論んだ武将たちに二条城で襲われた義輝は戦うことを選び、天下にその名を響かせた名刀の数々を畳に突き刺し、そうして敵を待ち構えたといわれています。とにもかくにも将軍家ですから、名刀のコレクションがありました。そんな名刀を畳から次々引き抜き、一本折れると別の刀を抜き、かかってくる敵を斬って斬って斬りまくった。そうした激闘の末、ついに討ち取られたと伝えられておりますが、この逸話も半分以上は後世の創作である可能性が高いといわれています。

ですから、ごく普通の武士にとっては刀というのは一種のシンボルのようなものであって、戦場では槍や弓矢が主だったと思います。そうでなければ、「組み合おう！」といってての取っ組み合い。刀での斬り合いは、なるべくやりたがらなったといわれています。

武士道の本質は何か

江戸時代に入りますと、武士の時代ではあるものの、もはや戦《いく》さのない時代になりました。すると、武士たちは「おれたちはいったい何のために生きているのか」といって、武士のレゾン・デートル（存在理由）を問題にするようになります。そうした流れのなかで「武士道とは何か」ということが問われ、佐賀藩士・山本常朝《やまもとじょうちょう》の座談をまとめた『葉隠』のような書物が書かれるようになったのです。この本は「武士道といふは、死ぬ事と見付けたり」という言葉で有名ですが、意外にその本旨は知られていないので、この有名な段（聞書第二）の一部を現代語にしておきましょう。

武士道の本質は死ぬことだと知った。生死二つのうち、どちらを取るかといえば、早く死ぬほうを選ぶ。その覚悟さえあれば、肚《はら》を据え、よけいなことは考えずに邁進することができる。「事を成し遂げないうちに死ぬのは犬死《いぬじに》だ」などというのは、上方《かみがた》ふうの打算的な武士道にすぎない。二者択一を迫られたとき、「絶対に正しい」という道を選ぶのはむずかしい。人は誰でも生きるほうが好きだから、多かれ少なかれ、生きるほうに理屈を付けがちだ。しかし、生きるほうを選んで、失敗に終わってなお生きているとすれば「腰抜け」といわれる。そこがむずかしいところである。ところが、死を選んでいれば、もし失敗して死んだとしても「犬死」といわれるだけで、恥になることはない。ここが、つまりは武士道の本質だ。武士道を極めるためには、朝夕、繰り返して死を覚悟することが必要である。つねに死を覚悟しているときは武士道が自分のものとなり、一生誤りなく、主君にご奉公し尽くすことができる。

いかがでしょう?　武士道とはとにかく死ぬことなんだ、といったような単純な教えではありません。日ごろから死を覚悟して胆力を養い、そしていざというときは主君に尽くすこと――そうすれば、「恥」になることはない、というのが山本常朝の思想です。

このあたりのことについては三島由紀夫が『葉隠入門』（新潮文庫）という本を書いてお

りますので、ついでにそれも見ておきましょう。

この人生がいつも死に直面し、一瞬一瞬にしか真実がないとすれば、時の経過というものは、重んずるに足りないのである。重んずるに足りないからこそ、（中略）毎日毎日これが最後と思って生きていくうちには、何ものかが蓄積されて、一瞬一瞬、一日一日の過去の蓄積が、もののご用に立つときがくるのである。これが「葉隠」の説いている生の哲学の根本理念である。

彼が自衛隊の市ヶ谷駐屯地で割腹自殺したのは一九七〇年です。この本はその三年前に刊行されていますから、この引用文にもどこか緊迫感が漲《みなぎ》っているように思います。山本常朝も、それを解説する三島由紀夫も、とにかく「死の覚悟」を決めながら生きる、という逆説にポイントを置いていることは明らかです。

しかし、ひと口に「死を覚悟しながら生きる」といっても、そう簡単な話ではありません。そこで、武士たちがつねに死と背中合わせで生きていた鎌倉時代、「念死《ねんし》」という工夫がなされました。もともとは仏教用語のようですが、「念死」ですから、文字どおり、死を思うこと。ただし、漫然と死を念じるだけでは、さほどの効果があるとは思えません。

そのため、一定期間をみずからの一生と考え、そのあいだは精一杯充実して生きるように心がける。鎌倉武士たちはそういう修練を続けたというのです。そして、自分の一生と考える時間をだんだん短くしていき、それによって覚悟を固めていったのです。

①昼と夜の一日（つまり、二十四時間）
②昼間だけ（十二時間）
③昼間の半分（約六時間）
④食事中（食事をする時間だけ）
⑤一膳のあいだ（茶碗一杯のご飯を食べるあいだ）
⑥半膳を食べるあいだ
⑦ひと口噛んで、呑み込むあいだ
⑧一呼吸するあいだ

鎌倉武士はこのようなことを繰り返しながら「死の覚悟」を養っていったわけです。

武士道と騎士道の違い

では、武士道は西洋の騎士道とどこが違うか？

中世ヨーロッパの騎士道物語に典型的に表わされているように、騎士道には女性崇拝があります。ところが、武士道にはそれがない。このあたりがいちばん大きな違いだといわなくてはなりません。

じっさい、騎士道物語の典型的なストーリーは——見知らぬ土地を冒険する騎士が美しい貴婦人に魅かれ、土地の住民を苦しめる強大な敵を倒すと、その国の王に認められ、同時に憧れの貴婦人も得てめでたし、めでたし……というものです。「円卓の騎士」ランスロットと王妃グィネヴィアの恋愛と聖杯探求の物語を描いた『ランスロット物語』や、騎士トリスタンと主君マルク王妃となったイゾルデの悲恋を描いた『トリスタンとイゾルデ』などが有名です。

この騎士道からは、宮廷的愛（courtly love）やレディ・ファーストの習慣が生まれ、さらにはセルバンテスの『ドン・キホーテ』という傑作も生まれています。

ご存じのように『ドン・キホーテ』は、騎士道物語を読み過ぎて妄想に陥った郷士が自分を伝説の騎士と思い込み、痩せた馬のロシナンテにまたがり、従者サンチョ・パンサを連れて遍歴の旅に出る物語です。もちろん、ドゥルシネーアという妄想上の貴婦人も登場します。彼女の美しさ、気立てのよさを世界中の人びとに認めさせるのも遍歴の目的のひとつとなっています。

こうした女性崇拝の要素の有無、それが騎士道と武士道を分けています。

女性崇拝というのはヨーロッパに特有なものだったのでしょう、こんな諺のようなものがあります。「ダーダネルス海峡（トルコ）の西と東を見よ。そうすれば、女性がどのように扱われているか、その違いを知るであろう」と。海峡の西、すなわちヨーロッパ側では女性が大事に扱われ、東のアジア側のイスラム圏では女性が虐げられているというわけです。

ブラウン神父を主人公にした推理小説でも知られるイギリスの批評家のG・K・チェスタトンは「イスラム教とは、ごく簡単化したキリスト教である」という趣旨のことをいっております。その言葉どおり、キリスト教のほうがイスラム教より複雑です。どう複雑かといえば、キリスト教には、マリアさまという要素が一枚余計に加わっていることです。

キリスト教では、イエスは人間の母親であるマリアから生まれたという設定になっています。これはどう考えても大きな矛盾です。最重要の救世主であるイエスが処女懐胎したマリアから完全なる人間として生まれ、完全なる人間として磔刑《たつけい》に処せられ、そして神として復活するというのですから、『新約聖書』のこの教えはきわめて解きがたい謎を秘めているといわなければなりません。

このようにキリスト教では聖母マリアが重要な役割を果たしていること。それから、もうひとりのマリア――「罪の女」マグダラのマリアという女性も登場します。彼女は七つの悪霊をイエスに追い出していただき、磔《はりつけ》にされたイエスを遠くから見守り、その埋葬を見届けると同時に、その三日後、復活したイエスに最初に出会い、「イエスの復活」を弟子たちに告げるという大きな役目を果たします。

キリスト教における女性たちのこうした役割から、ヨーロッパでは母親尊敬、さらには女性崇拝、身分の高い女性たちへの淑女憧憬が生まれます。騎士道もはっきりとそれを受け継いでいる。

ところが、日本の武士道にはそうした要素はありません。このあたりが騎士道とのいちばん大きな違いだというべきでしょう。

北条政子に始まる「女の道」

武士道には女性崇拝という要素はありませんが、武士の政権を創った源頼朝の正室・北条政子は武士道に対して「女の道」を立てています。まずは、その象徴的なエピソードから申し上げましょう。

一一八五年、平家が滅亡したあと、頼朝と弟・義経は対立することになります。挙兵に失敗した義経は一族郎党を連れて都落ちして奥州《おうしゅう》（現在の東北地方）に逃げます。その途中、義経の愛妾・静御前《しずかごぜん》が追っ手に捕まってしまいます。

北条政子（1157〜1225）鎌倉幕府を開いた源頼朝の正室。伊豆国の豪族、北条時政の長女。子は頼家、実朝、大姫、三幡。

静御前というのは白拍子《しらびょうし》といいますから芸者です。母親は磯禅師《いそのぜんじ》といって、京の都の一流中の一流の芸者でした。義経もそんな静御前を連れて逃げるわけにはいかないので、彼女に金を与えて別れました。ところが、彼女のお付の者がその金を奪って逃げてしまうのです。そのため、静御前は捕まってしまい、鎌倉へ送られます。

静御前は「日本一の白拍子の名手」といわれていましたから、鎌倉の頼朝も政子もぜひその舞いを見てみたいものだと思います。そのとき静御前は義経の子を孕《はら》んでいましたので、それを口実にして、「私はとても踊ることはできません」と固く辞退します。「私の主人（義経）はいま追われている身ですから、とても舞うことはできません」ともいいます。それでもふたりはどうしても見たいものだから、政子は舞いを所望し、渋る静《しずか》の説得を続けます。そして頼朝は、鎌倉八幡宮に多くの武将が集まったとき、彼女に舞いを命じたのです。度重なる要請を断わってきた静御前ですが、頼朝の命令とあっては固辞しきれない。そうして頼朝や政子、武将たちの前で舞いを披露するわけですが、そのとき、頼朝の目の前で歌を二首詠んでいます。

吉野山　嶺の白雪　踏みわけて　入りにし人の　あとぞ恋しき

――吉野の山の嶺の白雪を踏み分け、そして山の中へ消えていったあなた（義経）が恋しい、という歌です。これに続けてもう一首詠みました。

しづやしづ　しづのをだまき　くり返し　昔を今に　なすよしもがな

――「静《しず》よ、静」という声が耳に残っています。倭文布《しづぬの》を織るために糸を巻いた苧環《おだまき》を繰るように、幸せだった昔をいまに引き戻すことができたらいいのに、という意味です。幸せだった義経との日々をいまに引き戻すことができたら……という心と同時に、義経と頼朝との仲も昔のようであったらいいのになあ……といった気持ちも重ねているように思います。

余談になりますが、最近、この「しづやしづ」の歌が『伊勢物語』に出てくることに気づきました。もっとも、『伊勢物語』のほうは「しづやしづ」ではなく、「いにしへの　しづのをだまき　繰りかへし　昔を今に　なすよしもがな」（三十七段）というのですが。静御前はさすがに日本一の芸者でしたから、『伊勢物語』なども教養として入っていたのでしょう。

ともに義経を慕う歌でしたから、それを聞いた頼朝は「なんだ、このめでたい席で！」

と激怒しました。

一方、同席していた武将たちは粛然としたようです。彼らは義経とともに平家討伐のため一の谷、屋島、壇ノ浦で戦っていますから、その歌とともに、義経の颯爽たる姿が目の前に浮かんだに違いありません。その義経がいま都落ちして、追っ手に追われて逃げている……。「吉野山　嶺の白雪　踏みわけて　入りにし人の　あとぞ恋しき」という歌を耳にして、みんな、頭を下げて粛然としてしまったのです。

それでも頼朝の怒りは収まりません。すると政子が「それはいけません。女には女の道があるのです」といって夫をたしなめたというのです。かつては流人《るにん》であった頼朝との辛い馴れ初めや、最初に挙兵のときの不安な日々を諄々と語り、こう続けたといいます。

「私のあのときの愁いはいまの静《しずか》の心と同じです。義経との多年の愛を忘れ、恋慕を止めてしまえば、もう貞女ということはできません。女は夫を慕い続けていいのです」と。頼朝は政子のこの言葉に怒りを鎮め、そして静御前には褒美を与えたといわれています。

こんなふうに「女の道」を説いたのは政子が最初だと思います。

というのも、京都の宮廷には「女の道」はなかったからです。宮廷にあったのは「恋の話」です。しかし、武家においては「女の道」が非常に重要なのです。

男子には厳しく、女子には優しい「女の道」

「女の道」は、大和心の面においてはゆるやかな男女関係となって表われ、大和魂の面においては厳しい夫婦関係となって表われます。

江戸時代でもそうだったと思います。私は農村に育ちましたから、江戸時代の名残りを知っておりますが、村祭りなどのときはかなり〝乱交〟が見られました。村の人びとはそれを黙認していましたが、武士の世界ではそんな〝乱交〟などということは絶対にありえません。姦通したら「男と女を重ねておいて四つに斬る」というのが武家でしたから。

そして明治に入り、民法をつくったのはみな武士上がりの人たちでしたから、大和魂。戦前の民法には姦通罪があり、厳しいものでした。ところが、戦後の民法は大和心に基づいていますから、厳しさは相当ゆるんでいます。

さて、北条政子の「女の道」は男子に対しては厳しかったけれど、女子に対しては優しかったといわれています。こんな実例があります。

頼朝とのあいだにできた二代将軍・源頼家の子供時代の話です。頼朝といっしょに富士で山狩りをした頼家が鹿を射ると、「わが子ながら立派である」と喜んだ頼朝は、わざわざ政子のところへそれを伝える使者を送りました。すると、政子は「武士の子が獣を獲ったくらいで、わざわざ報告にくるなんて情けない」といって使者を追い返してしまったというのです。

そんな政子が、女子に対してはまったく別の面を見せます。

娘の大姫が、頼朝の従弟である木曾義仲の嫡子・義高と婚約していたとき、京に入った義仲は傍若無人の振る舞いをして京の統治に失敗します。そこで頼朝は義仲を滅ぼし、さらには禍根を断つべく、その子・義高の殺害も決めます。それを知ると、政子は娘の婚約者・義高を鎌倉から脱出させています。こちらはまさに娘可愛さの行動でした。政子にいわせれば、「女の道はこれでいいんだ」ということになるのでしょう。

こう見てくると――平安朝までは大和心で平和な世が続きましたが、その平安朝は保元（一一五六年）・平治（一一五九年）という宮廷内の二つの内乱で崩れ、武士の時代を迎えます。すると、はっきりと大和魂の時代に転換し、それ以降、男の世界は「大和魂」、女の世界は「女の道」という観念ができたように思います。

武士道と騎士道の共通点

前に武士道と騎士道の違いを述べましたが、それより重要なのはやはり両者の共通点です。

では、それはなにかといいますと、武士道も騎士道も「敵を尊敬する」という原則があることです。たとえこちらが打ち破った相手であっても、その敵を軽蔑したり、辱めたりすることは絶対にしない。そうした行為は武士道ならびに騎士道に反すると考えるのです。あっぱれ戦った相手は、敵であっても敬意を表す、ということです。

それは堂々と戦った相手に対する礼儀であり、共感である、と言い換えることができます。というのも、武士も騎士も好きで戦争をしたわけではないからです。前に指摘したように、王さまや主君が「戦いだ！」というから戦場に出た。だからこそ、立派に戦った相手はお互いに尊敬し合うのです。そのようにして、封建時代の戦う階級の人びと（侍や騎士）には独特の精神が芽生え、彼ら特有のルールが確立されたのです。

いま、ＮＨＫの大河ドラマ（『真田丸』）に出てくる真田家は関ヶ原の戦い（一六〇〇年）で敵味方に割れ、真田幸村は家康と対立しましたから、家康としては真田家を潰すこともできました。しかし、潰さなかったのは、幸村の兄・信之が徳川側で戦ったこと、それに幸村の戦いぶりが敵ながら立派だったからだと思います。

さらに関ケ原の戦いについていえば、家康は徳川家と対立して西軍についた上杉家も潰しませんでした。

それも上杉謙信以来、上杉家は正々堂々と戦ってきた家だったからです。

その点、武田家の場合は、武田信玄という武将は戦争こそ上手でしたが、父の信虎を駿河に追放したり（一五四一年）、諏訪頼重を倒して諏訪氏の領土を奪ったり（一五四二年）していますから、武家としての評価は落ちるようです。げんに、信玄の嫡子・武田勝頼が織田信長に攻められ、敗れて天目山《てんもくざん》（現在の山梨県）に逃げたとき（一五八二年）、譜代の重臣たちはみな逃げてしまい、勝頼を見捨てています。最後まで従ってきたのは北条氏から嫁いできた正室で、勝頼とともに自害しています。

かくして、武田家は滅亡してしまったわけですが、武田家をめぐって目立つのは「女の道」のほうでした。平安朝のお姫さまであれば、夫とともに自刃するようなことは絶対にしなかったはずです。

名誉を大事にする武士道の精神は西洋の騎士道にもあります。武士道と騎士道の共通性を示す例としては、日露戦争（一九〇四年～〇五年）のとき、旅順を陥落させた後の乃木（希典《まれすけ》）大将とロシアのステッセル将軍との会見を挙げるのが適当でしょう。あの会見で乃木さんは、敗軍の大将を辱めることがないようにと、相手に佩刀《はいとう》を許し、対等に話し合い、対等に坐って写真を撮らせています。
そのときの光景は「水師営《すいしえい》の会見」（作詞・佐佐木信綱）に歌われているとおりです。

一　旅順開城約《やく》成りて
敵の將軍ステッセル
乃木大将と会見の
所はいずこ水師営

二　庭に一本《ひともと》なつめの木
弾丸あともいちじるく
くずれ残れる民屋《みんおく》に
今ぞ相見る二将軍

三　乃木大将はおごそかに
御《み》めぐみ深き大君《おおきみ》の
大《おお》みことのり伝うれば

彼かしこみて謝しまつる

四　昨日の敵は今日の友
語る言葉も打ちとけて
我はたたえつ彼《か》の防備
彼はたたえつ我が武勇

とりわけ四番──「昨日の敵は今日の友　語る言葉も打ちとけて　我はたたえつ彼の防備　彼はたたえつ我が武勇」は、ともに相手を敬う姿勢をよく示しています。ただ、強いていえば武士道の色が濃いように思います。

私はかつて、大東亜戦争中に「撃墜王」といわれた海軍のパイロット坂井三郎さんの本を読んだことがあります。それによりによりますと、戦争が終わってからの戦闘機乗りというのは敵・味方であっても、ずいぶんと仲がいい。それは、お互いに命懸けで空中戦をやってきましたから、敵のパイロットであっても「おぬし、立派だったなあ」という思いがあるからでしょう。

日米戦争を戦ったアメリカの将兵も戦後、日本の将兵と仲よくなっています。それを知

乃木・ステッセル水師営会見　「敵将（ステッセリ）に失礼ではないか。後々まで恥を残すような写真を撮らせることは日本の武士道が許さぬ」とは乃木将軍の言葉。中央二人が乃木将軍とステッセル将軍。

っていたからこそ、安倍（晋三）首相は昨年（二〇一五年）四月、アメリカ議会の上下両院でスピーチしたとき、硫黄島で激戦を戦ったローレンス・スノーデンという元の米海兵隊中将と、硫黄島守備隊の司令官を務めた栗林忠道陸軍大将の孫に当たる新藤義孝前総務相を紹介して、そのふたりが堅い握手を交わすという演出をしています。

そのときのビデオを見ると、最前列の二十人ぐらいは涙を流していたといいます。

わが庄内藩と西郷隆盛に見る武士道

こうした武士道の流れは、私の生まれ育った旧庄内藩（山形県）にもよく伝わっています。

庄内藩は、会津藩（現在の福島県）ほど有名ではありませんが、ともに幕府側の守護職でした。会津藩は薩長の討幕派から京都を防衛する守護職で、江戸の守備に当たったのがわが庄内藩でした。そんな幕末、討幕派は江戸市中を攪乱するために火を放ったり、押し込み強盗をはたらいたりしました。そして、庄内藩士が捕まえようとすると、彼らは江戸の薩摩藩（現在の鹿児島県）の藩邸に逃げ込みました。そうした攪乱戦術は西郷隆盛が指示したものだという説があります。このため江戸の守護職にあった庄内藩の藩士たちは薩摩藩邸を焼き討ちしています（一八六八年）。

そんな「薩摩藩邸焼き討ち事件」がありましたから、戊辰戦争（一八六八年）でいよいよ幕府側が守勢に立たされても、庄内藩は最後の最後まで戦いました。西郷隆盛を大将とする新政府軍が庄内藩だけは許すはずがないと考えたからです。

じっさい、京都守護職の会津藩と江戸守護職の庄内藩はじつによく戦っています。会津は有名な白虎隊で玉砕しましたが、庄内藩は逆にずっと勝ち続けています。他藩にまで攻め込むほどの勢いがありました。とはいえ、天下の大勢は決まっていましたから、「降参しよう」という衆議一決、新政府軍に降伏しています。

官軍と西郷軍の激突を描いた浮世絵。中央に西郷隆盛が描かれている。

問題は、藩主の処遇がどうなるか、ということにありました。「これだけ抵抗したのだから殿さまは切腹か、打ち首。まあ、それもやむをえないであろう」と考えていました。

庄内藩が降伏したとき、藩主・酒井忠篤《さかいただずみ》と面談するためにやってきたのが、のちに第二代首相となる黒田清隆でした。いまも申し上げたとおり、藩主は賊軍の頭《かしら》ですから厳罰を覚悟して面談に臨んだところ、城を接収にきた黒田の態度は勝者でありながらまことに謙虚だったといわれています。庄内藩主へ佩刀を許したのはもちろん、その応対は「あたかも賓客《ひんきゃく》を遇するがごとし」という記録が残っているほどでした。「賓客」とは大事なお客さんという意味です。

これもまた武士道の面目躍如というべき一幕でした。

黒田清隆に「丁重な応対をせよ」と命じたのは西郷隆盛だったといわれています。西郷さんがなぜそう命じたかというと、「もし自分が庄内藩主であったら、やはり同じように主君・徳川家のために戦ったはずだ」という思いがあったからです。そのため、西郷さんは庄内藩および庄内藩主を罪人視しませんでした。藩主・忠篤は「公地没収」と「謹慎」で済み、その後、罪を許され、華族令が制定されると伯爵になっています。

そのため、旧庄内藩の人間は挙げて西郷びいき、黒田びいきになりました。西郷さんが西南戦争（明治十年）を起こしたときなど、「庄内は薩摩に呼応して立つのではないか？」と見られ、明治新政府は「対庄内」の軍備を整えたと伝えられています

山形県にはそんな歴史がありますから、私も六年生になったとき、学校ではいろいろ教えられました。昔は小学校に「礼法室」という、女子生徒に畳の上で行儀を教える部屋がありましたが、そこにわれわれ男子も坐らされ、西郷さんが酒井忠篤（旧庄内藩主）らに語った『南洲翁遺訓』（岩波文庫など）の一節を暗記させられました。「南洲」というのはいうまでもなく西郷さんの号です。

たとえば、第五ケ条に出てくる西郷さんがつくった七言絶句。

幾歴辛酸志始堅《いくたびかしんさんをへてこころざしはじめてかたし》

丈夫玉砕愧甎全《じょうふぎょくさいせんぜんをはず》
一家遺事人知否《いっかのいじひとしるやいなや》
不為児孫買美田《じそんのためにびでんをかわず》

――何度も辛いことや苦しいことがあったあと、志というものは初めて固く定まる。／志をもった真の男子は玉となって砕けようとも、瓦のようになって長生きすることを恥とする。／自分は遺すべき家訓をもっているが、人はそれを知っているだろうか。／それは子孫のために美しい田を買わない、すなわち財産を残さないということである、という教えです。

この「玉となって砕けようとも、瓦のようになって長生きすることを恥とする」というあたりは、先に見た『葉隠』の「死を選んでいれば、もし失敗して死んだとしても犬死といわれるだけで、恥にはならない」という一節とものみごとに共鳴しています。

中世のなかったアメリカの戦争には騎士道精神が欠けている

ステッセル将軍を対等に扱った乃木将軍は長州（現在の山口県）の支藩の長府藩の出身です。そして、西郷さんと同じく薩摩出身の東郷（平八郎）元帥は日露戦争後、バルチック艦隊の司令長官ロジェストヴェンスキー提督が負傷して入院すると、ちゃんと見舞いに行っています。

なぜ、そういうことが起こるかというと、前述したように武士道と騎士道に共通点があるからです。

乃木さんや東郷さんといった将軍や提督と対照的だったのは、戦後の日本へ乗り込んできたマッカーサー元帥です。

マッカーサーは戦後、日米開戦当時、米軍の兵力よりずっと少ない兵力で自分をフィリピンから追い払った本間（雅晴）将軍を銃殺し、最後まで降参しなかった山下奉文《やましたともゆき》中将は絞首刑に処しています。しかも、山下中将を処刑するとき、彼は開戦当初のシンガポール攻略戦で山下将軍に降伏したイギリスのパーシバル中将をわざわざ呼び寄せ、山下将軍を辱めています。これまで見てきた例とは真逆です。マッカーサーは敵将を尊敬するどころか、報復しようとしたのです。

マッカーサーはどうしてそんな無様なことをしたのか？　西洋において騎士道を育んだ

中世――それがアメリカにはなかったからです。

前に名前を出したイギリスの批評家G・K・チェスタトンの弟に当たるセシル・チェスタトンが『アメリカ史』という本を書いています。それを読んでいるとき、私がハッとしたのは、「アメリカは中世抜きで発生した国である」という趣旨の指摘に接したときでした。アメリカは中世を抜かしたままスタートしたため、抜け落ちたものが二つあるというのです。ひとつは奴隷制度、もうひとつは騎士道です。

奴隷制は本題と外れますので、これはひとまず措くとして、騎士道がなかったために、戦争に対する考え方が西洋とは違ってしまったのです。

国際法はそもそも騎士道を基にしています。その騎士道では、決闘をした場合、どちらが良いも悪いもありません。お互いが作法をきっちり守っていればそれでいいんだ、と考えます。国際法もそうです。いざ戦争になっても、相手国は「悪だ」という発想はしません。プロパガンダのために「向こうが悪い」ということはあるでしょうが、国際法に適っていれば、基本的に良いも悪いもないのです。また、敵を尊敬し合うのはすでに見たとおりです。

ところがアメリカは、先住民のインディアンを悪者扱いして彼らから土地を奪い、日本に対しては原爆を落とし、報復裁判をした。中世（騎士道）が抜けているため、敵を尊敬するということはありません。山下将軍に対する仕打ちを見れば、それは明らかです。

その意味で、中世というのは特別な時代なのです。

というのも、「中世」を経験した国というのは世界中でも少ししかありません。言い換えれば、発達した封建時代を経験した国はきわめて少ない。それは西ヨーロッパと日本にしかなかった、といっても言い過ぎにはなりません。

そこで、発達した封建時代をもった日本には武士道、西ヨーロッパには騎士道が生まれたのです。

家紋があるのも発達した封建時代の特徴です。ですから、家紋は日本と西ヨーロッパにしかありません。

日本では、どの武士の家にも紋があります。源平のころは赤い旗と白い旗といった具合で非常に単純なものでしたが、その後はいろんな家紋ができ、自分を明確に表わして戦うようになります。徳川家の三葉葵《みつばあおい》、豊臣家の五七桐《ごしちのきり》、島津家の丸に十文字、武田家の武田《たけだ》菱《びし》……などが有名です。

ヨーロッパでいえば、イギリス王家はライオンとユニコーンに支えられた紋章、フランスのブルボン王家は「フルール・ド・リス」と呼ばれる百合の紋章。そういう家紋がよく知られています。

しかし、シナの王朝にもインドにも紋章ないし家紋はありません。中世を経て、自力で近代化した国には家紋がありますが、そうでない国は、植民地にされることを通じて近代化するか、共産革命を経て近代化するか、このどちらかで、そういう国には家紋がないのです。

先ほど指摘したように、アメリカには紋章がありませんが、あの国はイギリスの〝支店〟のようなものでしたから、紋章がなくても近代化を達成できたのです。例外中の例外というべきです。

＊

これまで見てきたように、どこの国にもあるわけではない武士道の特質は以下のようにまとめることができます。

①武士道を支える大和魂の本質は散るところにある。したがって、『葉隠』にもあるように、武士道とは死を覚悟する精神である。

②武士道を生んだ「武士団」は、そこから離れると個人としては生きられないという特徴をもつ。

③ 武士道には西洋の騎士道と違って「女性崇拝」という要素が欠けているが、それを埋め合わせるかのように、日本には北条政子に始まる「女の道」が生まれた。

④ 武士道と騎士道の共通点は、敵であっても立派な相手は尊敬するということだ。

⑤ マッカーサーに敵を敬う姿勢が欠けていたのは、アメリカには武士道および騎士道を育んだ「中世」がなかったためである。

第六章

わび、さび、幽玄の世界

幽玄の思想を伝える『徒然草』や枯山水

吉田兼好の『徒然草』の第百三十七段には、「花はさかりに、月はくまなきをみるものかは」という有名な一節があります。——観桜も観月も、なにも満開の花盛り、澄み渡った月ばかり見るものとはかぎらない、といった意味ですが、その冒頭を現代語訳で読んでみましょう。

幸い、谷沢永一さんが『知識ゼロからの徒然草入門』（幻冬舎）のなかで、この段の一部を現代語訳されていますので、谷沢先生に敬意を表して、その訳を借ります。

桜の花は満開の時期、月は満月の夜と、誰でも思い浮かべる決った時期にのみ、日を定めて嘆賞するものと、習慣のままに従うのでは型通りの見方しかできない。

雨模様の曇り空に向かって、現《うつつ》には見えぬ隠れた月の眺めを心の中に思い描く楽しみも捨て難い。

また、簾を垂れて引き籠りながら、花が散って春が暮れゆく気配を感じ取るのも、ひとしお趣があるではないか。

これから一斉に咲くであろう暖かな色合いの、柔らかで内からの力にあふれた梢《こずえ》を仰ぎ見る場合も心が弾む。桜が咲ききったあと、風や雨などのため、根元の周辺一帯にしおれて散っている場景もまた、今年も花の盛りが去ったと、季節の移ろいがしみじみ感じとられ、さまざまな思いに誘われる。

谷沢さんはこの一節を「これぞ日本の美的感覚ですね」と評しておられますが、「花はさかりに、月はくまなきをみるものかは」という気持ちは日本人のどこかにあるものです。平安時代あたりでも、花は咲いているときだけではなく、散るのを見るのも趣きがあるのではないか……という思いがあって、それがだんだん固まっていって、禅宗などと絡まると、幽玄の思想として結実していきます。

幽玄というのは、ひと言でいうなら――趣きが深く計り知れないこと、ということがでます。ただし、谷沢訳にもあるとおり、これは「型通りの見方」ではありませんから、普通とは反対の姿勢になることがあります。言語でいえば、逆説のようなことが生じます。

たとえば、茶室。あれはわざわざ粗末な草庵ふうの四畳半、あるいは三畳程度の狭い部屋にしてあります。そして茶碗も、わざわざ欠けたものに注《つ》いで飲む。何百万円もするような茶碗がありますが、あれは何かというと、昔の朝鮮の貧しい人たちが使った食器だといいます。いちばん素朴だから、「それがいい」というわけです。「竈《かまど》のなかでちょっと焼け崩れたのがいい」ともいいます。「窯変《ようへん》したのがいい」ということもありますが、そのあたりの趣きにはじつに微妙なものがあります。

そんな茶道の心を詠んだ歌に、茶人・千利休《せんのりきゅう》がつくった「利休道歌《りきゅうどうか》」があります。ひとつ、挙げてみます。

茶の湯とは　ただ湯をわかし　茶を点《た》てて　のむばかりなる　ことと知るべし

——茶の湯とはけっしてむずかしいものではない。お湯を沸かしてお茶を点《た》て、そしてそれをいただく。それだけのことだ、といったほどの意味です。ところが、じつはそのお茶の点《た》て方、飲む作法がむずかしいのです。このあたりの呼吸も一種の幽玄というべきかもしれません。

生け花にしても、たくさんの花を美しく活けるだけではなくて、一輪スッと挿しただけで美を現出させることができます。あれも幽玄の世界でしょう。

この幽玄だとか、わび、さびといったようなことを通じて外国にはないような考え方、感じ方、思想を生む。そこに日本文化の特徴のひとつがあります。

それが形のうえで表わされた一例がいまいった茶室ですが、それにもう一例付け加えれば、お寺の庭園などに見られる枯山水《かれさんすい》もそこに入ります。いや、枯山水など、その典型といっていいかもしれません。というのも、実際には岩や石や砂があるだけで、いっさい水は流れていないのに、そこに水の流れや広い世界を観じていこう、という思想に基づいて造られているからです。もっと水を感じたいからこそ、水を抜いてしまった。その代わりに、それを見る人の頭のなかにはたっぷりと水が感じられる……というのが枯山水です。

日本文化に見られる「引き算」の思想

水を感じたいから水を抜くという枯山水は、よく言われるようにいわば「引き算」の考え方に立っています。そして、その「引き算」の思想が新しい美を生んだといえるかもしれません。

能もそうです。動きをきわめて少なくして、「超自然」を表わしたいという考え方に立っています。これも「引き算」です。

東洋画には減筆写意《げんぴつしゃい》という手法があります。読んで字のごとく、筆の数を極度に省略し、そうすることによってかえってものの本質を表現しようというのですから、これまた「引き算」です。

谷崎潤一郎の『陰翳礼讃《いんえいらいさん》』（中公文庫など）は――日本人の美意識というのは「陰」や「ほの暗さ」を条件に入れて発達してきたものであり、明るさよりも翳りを、光よりも闇との調和を重視してきた、と指摘したエッセーです。

陰翳を利用するに至った。

美と云うものは常に生活の実際から発達するもので、暗い部屋に住むことを余儀なくされたわれわれの先祖は、いつしか陰翳の美を発見し、やがては美の目的に添うように陰翳を利用するに至った。

「掻き寄せて結べば柴の庵なり解くればもとの野原なりけり」と云う古歌があるが、われわれの思索のしかたはとかくそう云う風であって、美は物体にあるのではなく、物体と物体との作り出す陰翳のあや、明暗にあると考える。夜光の珠も暗中に置けば光彩を放つが、白日の下に曝せば宝石の魅力を失う如く、陰翳の作用を離れて美はないと思う。

明るさではなく「陰」や「ほの暗さ」を大事にする『陰翳礼讃』も「引き算」の考え方に立っているといっていいでしょう。こうした日本的文化について、口の悪い人は「ひねくれている」などと評しますが、いま見てきたように深遠で幽玄な気配が漂っていることもまた確かです。ですから、そのあたりのことをわかってくれる外国人はなかなか見当たりません。

庭でもフランスなどはキチッとした美しい庭園を造ります。ヴェルサイユ宮殿の庭など、その典型で、枯山水とは正反対の思想で造られています。その点、イギリスの庭は日本ふうを取り入れたのか、キチッキチッというのを崩して、小道を曲げたり不規則にしたりしています。それでも、本質は枯山水とは大いに異なっています。

東西の文化はやはり、水と油ぐらいの差があるといっていいでしょう。その意味では、ハンチントン教授が「日本は一国だけで成立する孤立文明である」と規定したのはまったく正しいと思います。

西洋のダンスはじつに華やかです。しかし日本の能は、先ほど申し上げたとおり、ほとんど動きがありません。それはその背後にある思想が異なっているからであって、西洋の思想が「生」を謳歌するものだとすれば、日本の思想はわび、さび、幽玄を追究するものです。

渋い色というのは日本人にしか見えないといわれています。日本人であれば「いやあ、渋いですね、その色は」といいますが、外国人は「何が渋いんだ?」といって首をひねるでしょう。「渋い?　ただパッとしないだけじゃないか」といって。じっさい英語には「地味」という言葉はありますが、「渋い」に相当する褒め言葉はありません。

こうした色に対する感覚も、日本人はじつに鋭いものをもっています。たとえば、江戸時代には茶色だけで八十色ぐらいあったという話をどこかで読んだ記憶があります。八十色でも足りなくて、歌舞伎役者の市川海老蔵が着ていた羽織の茶色がいいといって、そうしてできたのが「エビ茶」であるとか、「利休ねずみ」という色の名も千利休が愛した緑色がかった灰色に由来しているといいます。日本人はそれほど感性が豊かであったし、小さな物事のひとつひとつになにかを感じ、そこに意味を見出してきたのです。

芭蕉の登場によって俳句は精神性の高い文学となった

その感性が日本の文学と結び付くと、松尾芭蕉の俳句になります。あれはおもしろいというより、ジーンと精神に沁み込んでくるところがあります。「五・七・五」のたった十七文字なのに深みが感じられる。前章で挙げた芭蕉の「山路《やまじ》来て　何やらゆかし　すみれ草《ぐさ》」など、その典型といえましょう。

また、芭蕉が亡くなる一か月余り前に詠んだ句は次のようなものでした。

この道や　ゆく人なしに　秋の暮れ

これが最晩年の心境だったと思います。したがって「この道」とは、芭蕉が生涯を賭けて追究した俳諧の道、と受け取ることができます。前を見ても、後ろを見ても、旅人の姿はない。孤高にして寂寥《せきりょう》たる印象が残ります。

こういう感じのものは、ちょっとほかにはありません。これはやはり芭蕉の精神状況が言葉になって表わされているからだと思います。

伊賀越えの山中で初時雨《はつしぐれ》に遭遇したときの句は——、

初時雨　猿も小蓑《こみの》を　欲しげなり

こうした芭蕉の句の「極地」といわれているのが、有名な「古池や」の句です。

古池や　蛙《かわず》飛びこむ　水の音

正岡子規は——蛙が水に飛び込むという、ありふれた事象に妙味を見出すことによって俳諧の歴史に一線を画した、という趣旨のことを書いています。また別の人は、古池という「死の世界」になりかねないものに蛙を飛びこませることによって「生命」を吹き込んだ、これこそわび・さびの世界である、という評をしています。さらにいえば、古池を「永遠の時間」と見立て、そこに蛙がポンと飛び込んだのは「人の一生」を示している……という解釈もあるようです。

受け取り方はともかく、「古池や　蛙飛びこむ　水の音」と唱えながら目を閉じて瞑想することもできるという説もあります。

芭蕉の登場によって、「五・七・五」の十七文字からなる俳諧という遊びの文学は一挙に精神性の高い文学に転化したのです。秀れた宗匠《そうしょう》が出れば、弟子はいくらでも出てきます。かくして江戸以降、俳句という短詩型文学はわが国で非常に盛んになったのです。

若いころの私に俳句の読み方を教えてくれたのは詩人・萩原朔太郎の『郷愁の詩人与謝《よさ》蕪村《ぶそん》』（岩波文庫）という本でした。「月天心《つきてんしん》　貧しき町を　通りけり」という句についての解説を引いておきましょう。

月が天心にかかつて居るのは、夜が既に遅く更《ふ》けたのである。人気《ひとけ》のない深夜の町をひとり足音高く通つて行く。町の両側には、家並の低い貧しい家が、暗く戸を閉して眠つて居る。空には中秋の月が冴えて、氷のやうな月光が独《ひと》り地上を照らして居る。ここに考へることは人生への或る涙ぐましい思慕の情と、或るやるせない寂寥とである。月光の下、ひとり深夜の裏町を通る人は、だれしも皆かうした詩情に浸るであらう。しかも人々は未だかつてこの情景を捉へ表現し得なかつた。蕪村の俳句は、最も短い詩形に於《お》て、よくこの深遠な詩情を捉へ、簡単にして複雑に成功して居る。実に名句と言ふべきである。

こういう調子でひとつの句を解説してくれる本がありますから、俳句は多くの人が参加できる文学形式になりました。世界中を見渡しても、こんなにたくさんの〝詩人〟がいる国は絶対にありません。市井《しせい》の女性たちが連れ立って旅行をしながら句作に耽るというのも芭蕉の力、といっていいでしょう。

芭蕉のおかげで連歌《れんが》の席に女性も加わるようになりました。そして、すでに江戸時代、女性が座の中心になって連歌をまとめた本が出ています。当時のこととして、どこの国で女性が中心になった詩集が刊行されているでしょう？　そのあたりが短詩型文学の強さです。

心を澄ませてよく見ることを教えた短詩型文学

短詩型文学というのは、それこそ心さえ澄ませばスッとなにかを発見できます。それを長たらしくいう必要はありません。

とんぼ釣り　今日はどこまで　行ったやら

これは江戸期の女性俳人・加賀千代女《かがのちよじょ》の作とされております（諸説あります）が、子を案じる母親の気持ちがよく出ています。

起きてみつ　寝てみつ蚊帳《かや》の　広さかな　（千代女）

これなど、それまでいっしょにいた夫が亡くなってしまった……という、そんな女の寂寥感が伝わってきます。

句作というのは、作者がよく観察し、よく反省しなければできませんので、私はそうしたことの繰り返しが日本人の感性やメンタリティーを豊かにしてきたと考えています。

ふたたび芭蕉に戻れば――、

よく見れば　薺《なずな》花咲く　垣根かな

なずなというのは春の七草のひとつですが、じつをいえばペンペン草です。ほんとうに小さな花で、ほとんど目立ちません。常識的にはきれいでもなんでもない。しかし、この句を知ることによって、垣根のそばに咲いている小さな花に目を向けるようになり、その花を美しいと思う精神が養われます。

かつてベストセラーとなった『「縮み」志向の日本人』（講談社学術文庫）という本を書いた韓国人の李御寧《イーオリヨン》という人は、「この感覚は韓国人には理解できない」と書いていました。「どうして、よく見なければ見えないような花がきれいなのか？　わざわざそんな花を探してみなくても、牡丹でも芍薬《しゃくやく》でも、きれいな花はいくらでもあるではないか」と。

もちろん、そういう文化もあるでしょう。しかし、なずなの花をきれいだと見る文化もあるわけです。そして、それこそが芭蕉という天才が発見した世界なのです。したがって、この感覚、この繊細な世界はやまとことばでしか詠むことができないし、また読むこともできないというべきです。

＊

わび、さび、幽玄の世界というのは、繊細な精神に支えられています。

①　そうした世界は趣きが深く計り知れないため、型通りの見方からは生まれない。

②　わざわざ粗末な草庵ふうの茶室をつくる茶道や水をすべて抜いてかえって水を感じさせる枯山水などは「引き算」の思想に基づいているといえる。

③　短詩型文学の極致というべき俳句は芭蕉の登場によって精神性の高い文学に成長した。

④　この俳句の広まりは、日本人に「よく観察し、よく反省する」という感受性を与えることになった。

第七章

「尊皇」という潜在意識

日本人の潜在意識としての「尊皇」の思い

尊皇の思想は『古事記』にさかのぼることができます。

すでに触れたことではありますが、「わが世の春」を謳歌した藤原道長でさえ皇位を狙うことがなかったのは、藤原家の先祖が、邇《に》邇《に》芸命《ぎのみこと》の「天孫降臨」につき従った天《あめの》児《こ》屋命《やねのみこと》だったからです。いくら重臣であっても、天皇になるわけにはいかない。皇統は敬わなければならない。『古事記』に記された神話がその後の日本人の精神と行動を規定していることは、この一事からも明らかでしょう。

「尊皇」というのは、日本人の潜在意識のなかに厳然としてある精神のひとつなのです。私は全七巻の『渡部昇一「日本の歴史」』（ワック）という本を書いたことがありますが、日本史を見渡しても、皇室に対して牙を剥き出しにした人物はふたりしかいません。第三章ですでに述べた蘇我氏（蝦夷・入鹿の父子）と僧・道鏡です。

のちに武家政治が始まると、皇位継承を幕府が管理するようなことも起こります（後述）。それでも皇室を冒《おか》す、という感じはありませんでした。

象徴的な例を挙げておけば――江戸時代、徳川家はざっと八百万石で、皇室の石高は約三万石。これは「禁裏《きんり》御料《ごりょう》」と呼ばれていました。雲泥の差というか、月とスッポンでした。ところが、京の宮廷から勅使が江戸に着くと、江戸城に上がる藩主たちはみな固くなりました。ピリピリしていたといってもいいでしょう。そうした緊張のあまり、城内の松の廊下で刀を抜いてしまったのが赤穂藩の藩主・浅野内匠頭《あさのたくみのかみ》でした（一七〇一年）。

このように皇室というのは、神話の時代から特別の存在だったのです。

戦国時代、武将たちが表舞台に立ち、皇室が落ちぶれたときであっても、皇室を軽んじるような空気はまったくありませんでした。逆に、どの大名も皇室を助けたがっていました。しかし、彼らはみな隣の大名と戦っていましたから、助ける余裕がなかった。「それが残念でならない」と嘆いていたのが実状です。

一般の庶民も漠然とではありますが、「殿さまは偉い。将軍はもっと偉い。でも、その上に天子さまがいらっしゃる」と思っていました。頭の片隅につねにそうした思いがあったのです。私の祖母は明治時代の山奥に育っていますから、文字から得た知識はなにもなく、口伝えの情報だけしかありませんでした。それでもその祖母も「天子さま、天子さま」といっていました。

庶民たちのそうした思いが強く打ち出されたのは、幕末から維新にかけての時代です。ペリー来航（一八五三年）によって幕閣たちが右往左往し、いまでいう〝決められない政治〟に陥ると、討幕の動きが起こり、それが加速します。そのとき討幕派が掲げたのが「錦の御旗」、すなわち天皇でした。そうすると、庶民たちのあいだでも討幕派に肩入れするようなムードが高まります。それを前にして、第十五代将軍・徳川慶喜《とくがわよしのぶ》もついに大政奉還してしまったのです。

戊辰戦争のとき、新政府軍が「宮さん宮さん」という歌をうたって景気をつけましたが、それは庶民のあいだでも愛唱されたというのがひとつの例証になるかもしれません。

宮さん宮さんお馬の前に
ヒラヒラするのは何じゃいな
トコトンヤレ、トンヤレナ
あれは朝敵征伐せよとの
錦の御旗じゃ知らないか
トコトンヤレ、トンヤレナ

ともに長州出身の品川弥二郎作詞、大村益次郎作曲といわれております。それでも日本人がこうした歌に合わせて皇室を崇め奉る理由について、外国の人たちに説明するのは非常にむずかしいと思います。十分に説明しきることはできないのではないでしょうか。

日本の国柄を明らかにした『神皇正統記』

徳川幕府を開いた家康という人は偉い人で、「戦国の世は終わった」といって文治《ぶんち》制度にしました。武力ではなく、法令によって世を治める。そして、長子相続制度を定めています。能力や性格などによるのではなく、長男であればその人が家を継ぐ。そう決まっていれば身内同士の争いは起こりません。少なくとも、起こりにくい。そこで、徳川家も三百諸侯もみな長子相続になりました。

すると、八代将軍・徳川吉宗のとき、こんなことが起こります。長男・家重は言葉がよく話せなくて、とても政務をとれるような状態ではなかったのに対し、次男の田安宗武《たやすむねたけ》は馬も上手、弓にも長《た》け、学問もできた。ですから、吉宗としては非常に悩んだと思います。が、結局、将軍職は長男に譲り、自分が「大御所《おおごしょ》」（前将軍に対する敬称）として政務に当たるというかたちで長子相続を実行しています。

そうした文治政策と並行して、江戸時代に入ると漢学が非常に盛んになりました。漢学者たちは本で読む孔子や孟子の事績に接し、シナを偉い国だと思うようになります。シナを理想化したわけです。家康の儒学の師であった藤原惺窩《ふじわらせいか》など、漢学を尊ぶあまり、「あの君子の国へ行きたい」と憧れ、当時の明《みん》へ行きそこねて途中で帰ってきています。また、彼は「日本は武士が天下をとっているけれど、シナは学問によって世を治めている」といって、慶長の役《えき》（一五九七年）で日本の捕虜となった朝鮮の儒者・姜沆《きょうこう》が帰国するとき、「明と朝鮮の連合軍で日本を占領して欲しい」と願い出ています（姜沆の『看羊録《かんようろく》』）。

江戸時代の初期はそんなふうにシナ崇拝の空気が強かったのですが、儒者たちもだんだん勉強していくうちに、『神皇正統記《じんのうしょうとうき》』を再発見するようになります。これは南北朝時代、公卿《くぎょう》の北畠親房《きたばたけちかふさ》が第九十七代・後村上天皇（在位：一三三九年〜六八年）のために「南朝の正統性」を記した歴史書です。

ここで、簡単に「南北朝」の説明をしておきましょう。

鎌倉時代の半ば、第八十八代・後嵯峨天皇（在位：一二四二年〜四六年）が譲位されると、皇位継承をめぐって、皇統が大覚寺統《だいかくじとう》と持明院統《じみょういんとう》のふたつに割れてしまいます（図Ⅲ参照）。そこで鎌倉幕府が仲介に入り、大覚寺統と持明院統が交互に皇位につくことが取り決められました（両統迭立《りょうとうてつりつ》）。

ところが、大覚寺統に属する第九十六代・後醍醐天皇（在位：一三一八年〜三九年）は鎌倉幕府を倒すと、みずから政治に乗り出したのです（建武中興）。そのご親政を打破したのが、持明院統の光厳《こうごん》上皇の権威をバックにした足利尊氏でした。そして彼は一三三八年、北朝第二代・光明天皇《こうみょうてんのう》（在位：一三三六年〜四八年）を担いで室町幕府を開きます。それに対して後醍醐天皇は吉野（奈良県南部）に本拠を移し、南朝を開きました。

図Ⅲ

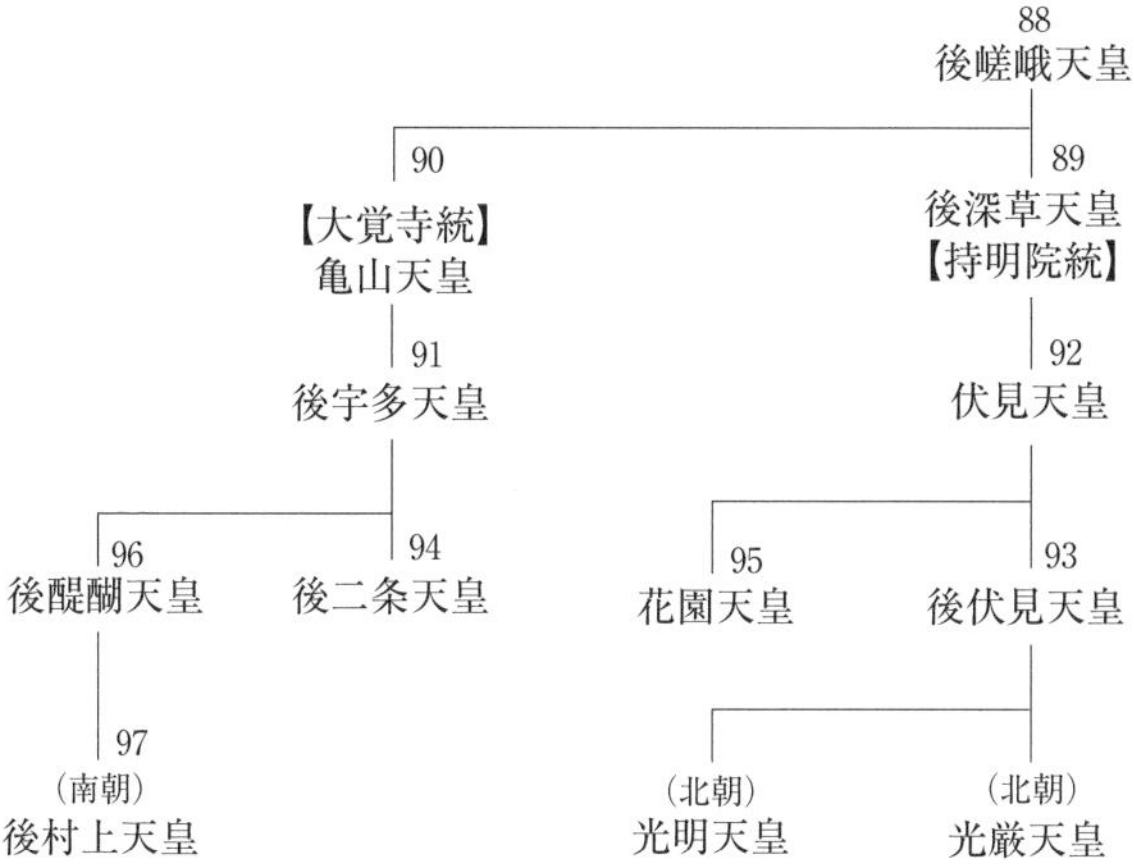

かくして、京都（北朝）と吉野（南朝）というふたつの朝廷が並び立つことになりましたが、問題は南朝と北朝のどちらに正統性（レジティマシー）があるか、ということでした。これは正閏論《せいじゅんろん》とも呼ばれています。「正」は正統。「閏」は閏年《うるうどし》の「閏」ですから、ニセモノではないけれど正統でもないという意味です。この問題をめぐって、北畠親房は皇位を象徴する三種の神器、すなわち「鏡」「勾玉」「剣」を所持している南朝が正統であるとしています（ちなみに、現在の皇室は南朝を合併して北朝）。

そのうえで、『神皇正統記』は南朝の後村上天皇に「日本とはいかなる国であるか」を説いたのです。冒頭部分を現代語にすれば——

—、

大日本《おおやまと》は神の国である。天祖国常尊《あまつみおやくにのとこたちのみこと》が初めてこの国の基を開き、日の神すなわち天照大神が長くその統を伝えて君臨なさっている。わが国だけにこのことがあって、他国にはこのような例はない。それゆえに、わが国を神国《しんこく》というのである。(上・序論)

このように北畠親房は日本を「神の国」と規定して、当時の仏教的歴史観を排し、日本の国柄《くにがら》を明らかにしたわけです。そして『資治通鑑』からヒントを得て、吉野の山に籠った後醍醐天皇のほうを「南朝」として権威づけるのです。

ただし、その後はあまり読まれなくなっていたようですが、江戸時代に入ってリバイバルします。

山鹿素行『中朝事実』も〝日本の主張〟に充ちている

江戸初期の終わりごろに登場したのが儒者にして軍学者の山鹿素行《やまがそこう》です。彼は驚嘆すべき天才でしたから、赤穂藩になんと千石で召し抱えられています。千石といったら家老級の給料です。浪人たちが職を得ることができたら十石、二十石でも喜んだ時代です。これは破天荒な石高、給与というべきでした。

その天才・素行がシナの歴史をいろいろ調べて書いたのが『中朝事実《ちゅうちょうじじつ》』という書物でした。

「中朝」というのは「中華の国」という意味です。では、ここで「中華の国」とはどこかといえば、それは日本でした。すなわち素行は、わが国こそ「中華の国」であるといったのです。現代語訳すると、「自序」にはこんなことが記されています。

いつも広大な海を見ている者は、それがいかに大きいかに気づかない。つねに広大な原野に接している者は、その広さを知らない。長いあいだに馴れてしまうからだ。そういう例は海や野原に限らない。私なども中華文明の国（日本・渡部注）に生まれながら、これまでその秀れていることを知らずに、もっぱら外国（シナ・渡部注）の書物を読み、外国の偉人を慕ってきた。なんと愚かなことであったか。志を喪ったものといわざるをえない。そもそも中国（日本・渡部注）の風土は世界のなかでも卓越し、精秀な人物も多く輩出している。神のご加護は宏大で、皇統も連綿と続いている。秀れた文物、赫々たる武徳は天下に比類がない。

手放しの礼讃ですが、その理由については以下のように述べています。

――漢民族の明朝が倒れたあとのシナは、万里の長城の北に住む蛮人の満洲族を皇帝とする清朝に交替した。このように、シナの歴史において王朝は何度も入れ替わっている。家臣が君主を弑《しい》することも何回も行われた。シナは勢力が強くなく、君臣の義も守られていない。これに対してわが日本は外国に支配されたことは一度もなく、万世一系の天皇が続き、君臣の義も厳守されている。したがって、シナは中華などではなく、日本こそが「中華」（中朝）なのである。

以上が『中朝事実』の主だった主張です。先の『神皇正統記』と相通じる思想であるということができます。

第百二十二代・明治天皇（在位：一八六七年〜一九一二年）が崩御されたとき、のちの第百二十四代・昭和天皇（在位：一九二六年〜八九年）は学習院初等科の六年生で、その院長を務めていたのが乃木大将でした。周知のとおり、乃木さんは夫人とともに明治天皇に殉じて自刃しておりますが、その殉死当日の朝、わざわざ六年生の昭和天皇をお訪ねして、この『中朝事実』を手渡しています。「いまはまだ読むのがむずかしいでしょうが、おためになる本ですから、おそばの者に読ませて説明をお聞きください」といったと伝えられています。山鹿素行の『中朝事実』というのは、それほどの本なのです。

そういえば、漢文で書かれた日本最初の本である『日本書紀』においても「中国」という言葉が出てきたら、それは必ず「日本」を意味しました。たとえば、巻第一に大国主神が「夫葦原中国、（中略）今理此国、唯吾一身而已」と語るくだりがあります。現代語に直せばここは次のようになります。

それ、葦原《あしはら》の中国《なかつくに》（すなわち日本・渡部注）、（中略）いま、この国を理《おさ》めるのは私ひとりである。

『中朝事実』は『日本書紀』に立ち戻ったのです。また、じっさいに読んでみても、「なるほど、儒教が理想とした国はシナではなく日本だったのだ」という気がしてきます。王朝がコロコロと代わってきたシナではなく、万世一系の天皇を戴く日本こそ儒教の理想とする国なのではないか……と思えてきます。

そうした思いは幕末になると、さらに固まり強まってきます。したがって、あの時期はひとりとして〝シナかぶれ〟の日本人はいませんでした。たしかに漢文を読み、漢詩をつくる勤王の志士はいましたが、シナにかぶれることは断固としてなかったのです。まさに、「神武天皇以来の国体は尊い」「儒教が理想としたのはじつは日本のような国であった」という空気が漲っていました。

もちろん、江戸中期以来の国学の隆盛も続いていました。荷田春満《かだのあずままろ》、賀茂真淵《かものまぶち》、本居宣長……という伝統が国体を支えてきたのです。

「王政復古」から「王政維新」への移行が明治を創った

明治に入ると、帝国大学初の漢学教授となった根本通明《ねもとみちあき》という人が「易経」を研究して、「易経は日本のことを説いているのだ」という非常に独創的な説を打ち出しています。これはどういうことかといえば――従来、易経というのは変化・革命の書と見られてきました。ところが、根本博士はそれを否定し、「易経はむしろ万世一系を説いた書であり、その意味では、わが国こそが易経の理想にもっとも忠実な国である」としたのです。このように漢学を専攻している人たちのあいだでも「天皇を戴く日本の国体は尊い」という声が強まってきたのです。

その明治維新というのは双面神のごとく、二つの側面をもっていました。ひとつの潮流は「王政復古」。武家政治から天皇親政へ移ったわけですから、鎌倉時代以前の王政に復古するという考え方です。じっさい、初期の明治政府は「大宝律令」（七〇一年）あるいは「養老律令」（七一八年）に基づく政府機構を復活させています。そのため、太政官制《だじょうかんせい》が敷かれました。

明治新政府は徳川幕府を倒したものの、そうおいそれと新しい国造りの青写真を描くことはできませんでした。幕末に殺された幕臣・小栗上野介《おぐりこうづけのすけ》や討幕派の坂本龍馬などは多少の〝国家プラン〟をもっていたようでしたが、西郷隆盛はもちろん、大久保利通も維新当初は暗中模索といった状態でした。だいたい、「政府」のことを「太政官」と呼んでいたのですから、古色蒼然です。『源氏物語』の時代に舞い戻ったかのような観がありました。

このように維新も最初のころは、この国のかたちを「昔」に戻そうという動きが有力だったのです。げんに、「神祇官《じんぎかん》」という役職があり、これが太政官制のなかで重きをなし、全国の寺の仏像を徹底的に破壊する「廃仏毀釈令《はいぶつきしやくれい》」など、きわめて苛烈、かつ愚かな政策をとっています。

現在の総理大臣に相当する太政大臣は公家の三条実美《さんじようさねとみ》、それを扶《たす》ける右大臣が岩倉具視《いわくらともみ》、参議が西郷隆盛、木戸孝允《きどたかよし》（桂小五郎）、大久保利通、板垣退助、大隈重信、江藤新平……といった顔ぶれでした。

そのうち、そんなことでは英米仏といった西洋先進国に伍していくことはできない、ということに気づきます。そこで、「王政復古」とは別の流れが生じます。それが（私の造語ですが）「王政維新」とでも名づけるべき動きでした。奈良時代や平安時代の政治に戻すのではなく、「富国強兵」に代表されるような近代化を推進させなければならないという思想です。この潮流をつくり出したのが参議の大久保利通や木戸孝允、さらには伊藤博文たちです。新政府内で主導権を握った彼らは、やがて太政官制を廃止、内閣制度を導入して、それが近代日本を創ることになったのは周知のとおりです。

こうした現象は、日本に仏教が伝来したときと、とてもよく似ているように思います。「崇仏か、排仏か」という論争は、ここでは「王政復古か、王政維新か」という議論に転換されておりますが。

「国体は変化すれども断絶せず」という日本の伝統

ところで、日本には「国体は変化すれども断絶せず」という伝統があります。それが日本の歴史を考えるうえでのキーポイントのひとつです。

明治維新は、日本の歴史において国体が変化した四番目のケースでした。

では、最初の国体変化はなんであったかというと、用明天皇が仏教に帰依したことです（第三章参照）。それまでの天皇は日本の神を祀る代表者でしたが、そこに外国の宗教である仏教を受容するという新しい要素が加わったからです。このとき、明らかに国体は変化しました。

二番目の国体変化は、源頼朝が鎌倉幕府を開いたときです（一一九二年）。武力で天下を征服し、皇室と関係なく各地に守護・地頭を置いたわけですから、これまた政治原則の根本的な変化でした。

土地支配の任命権が幕府の手に移り、宮廷には実質的支配権がなくなりました。それでも、古代律令制が廃止されることはなく、天皇も残りましたから、まさに「国体は変化したけれど断絶はしなかった」といえます。

三番目の国体変化は一二二一年の承久の乱でした。執権・北条義時に対する不満から、後鳥羽上皇《ごとばじょうこう》は倒幕の兵を挙げました。しかし、その乱は制圧され、上皇は隠岐《おき》に、それに呼応した順徳上皇は佐渡に流され、そして倒幕計画に反対していた土御門《つちみかど》上皇はみずから進んで四国に配流《はいる》されています。

後鳥羽上皇（1180～1239）第82代天皇（在位：1183～1198）。後鳥羽院像（伝藤原信実筆、水無瀬神宮蔵）。

これ以降、皇位継承は幕府が管理するという流れができました。それまでは太政大臣《だじょうだいじん》など、位の高い公家が携わってきた皇位継承を、きわめて位の低い武家の頭領《とうりょう》が決めるようになったわけです。ここでも明らかに国体の変化が起こっている。しかしながら、天皇を戴くという根本は維持されました。

そして四番目の国体変化が、いま申し上げた明治維

明治天皇（1852～1912）第122代天皇。諱は睦仁（むつひと）。

新です。明治天皇が日本国の国家元首に就任すると、一八八九年に大日本帝国憲法を発布しています。憲法とは、英語でいえば「コンスティチューション」です。これは「体質」という意味ですから、明治維新で国の体質が変わった。体質は変わったけれど、天皇を戴く国体は断絶していません。

最後の五番目は、昭和二十年の敗戦による占領憲法の制定です。あのときも明らかに日本という国は変わりました。

繰り返しになりますが、以上、いずれの場合でも天皇を戴くという国体それ自身が断絶することはありませんでした。これは非常に重要なポイントです。なんとなれば、そうした「変化すれども断絶せず」という国体であったからこそ、第百二十五代の今上天皇まで万世一系の皇統が続いてきたからです。

国体が「変化すれども断絶せず」ということを象徴的に表わしているのが明治天皇でした。明治天皇は「王政復古」そのもので、それまで廃止されていたいろんな神道の儀式や行事を復活させられました。明治天皇はたいへんに牛乳がお好きだったそうですが、宮中の重要な儀式が行われる前日には、お好きな牛乳をお飲みにならず、身を清め、式に臨まれたと伝えられています。

それと同時に、「五箇条《ごかじょう》の御誓文《ごせいもん》」のように開明的な考えもお示しになっています。

一　広ク会議ヲ興シ　万機公論《ばんきこうろん》ニ決スヘシ

一　上下心ヲ一《いつ》ニシテ　盛ニ経綸《けいりん》ヲ行フヘシ

一　官武一途庶民ニ至ル迄《まで》　各其志《おのおのそのこころざし》ヲ遂ケ人心ヲシテ倦マサラシメン事ヲ要ス

一　旧来ノ陋習《ろうしゅう》ヲ破リ　天地ノ公道ニ基クヘシ

一　智識ヲ世界ニ求メ　大《おお》ニ皇基ヲ振起《しんき》スヘシ

――①大いに会議を開いて、すべての政治は世論に従って行うべきである。／②治者と人民が心をひとつにして国を治めていくべきである。／③身分にかかわらず、誰もが志をまっとうし、その思いを達成できるようにすべきである。／④悪習を破り　国際社会に適った行動をすべきである。／⑤世界中に知識に求め、天皇政治の基礎を築くべきである。

右のように宣言されたわけですから、西洋文明の秀れたところはどんどん吸収しようという姿勢は顕著です。

このように「王政復古」と「王政維新」を同時に具現化していたのが明治天皇でした。

その意味で、明治天皇という存在が欠けたていたら、維新はうまくいかなかったと思います。

維新のような革新を求めながら、それに失敗した例として挙げるべきは、イランのパーレビ国王です。パーレビ国王は戦後日本の飛躍的な経済成長に注目して、土地の改革や国営企業の民営化、労使間の利益分配、婦人参政権の確立、教育の振興、農村の開発……などの改革を実行しました。ところが、これらの政策は「復古」のない一本調子の「維新」でしたから、ホメイニ師ら、イスラム原理主義者たちの反発を買い、国王はついに亡命を余儀なくされたのです（一九七九年）。

国体の危機を乗り越えられた昭和天皇の功績

「変化すれども断絶せず」という国体が危機に瀕したのは、昭和二十年の敗戦のときでした。

あのとき、マッカーサーの占領軍は日本国が受け入れた「ポツダム宣言」を無視しました。米英ソの三国首脳は日本に降伏を迫るために、「われわれの条件はかくのごとし」として八つの項目を挙げてきました。したがって、彼らが日本に迫ったのは「条件降伏」でした。その「条件」のなかに日本の陸海軍の即時無条件降伏はありましたが、日本国家の無条件降伏は入っておりません。ということは、占領軍は日本で新たな憲法を制定する権利など有していなかったことを意味します。国際法である「ハーグ陸戦法規」第四十三条は「交戦時において占領地の統治権を掌握した際、被占領地の法律を尊重する義務」を定めているからです。

ところが、アメリカは「降伏した日本と交渉する必要はない」という姿勢で占領憲法を押し付けてきました。それは当時の大統領トルーマンの意思であったとも伝えられています。

日本は完全に命令される国になってしまいました。そうしますと、マッカーサー司令部の意思次第では皇室が潰される惧《おそ》れが出てきました。また、当時は日本の保守派のなかにも「天皇は戦争の責任をとって退位なさるべきである」と考える人たちもいました。たしかに敗戦時に退位されて、日本が独立を回復したとき別の皇族が――たとえば一歳違いの弟宮の秩父宮が――即位するほうがわかりやすいし、かつ簡単だという考えもあったようですが、結局、昭和天皇は退位されませんでした。そのおかげで、昭和

昭和天皇（1901〜1989）第124代天皇（在位：1926〜1989）。諱は裕仁（ひろひと）。

二十七年（一九五二年）にわが国が独立を回復しますと、われわれ日本人は戦前～戦中～戦後と、おひとりの同じ天皇を戴く幸運を得たのです。

一時の天皇退位論も、あれから七十年が経過したいまでは忘却の彼方に消え去ろうとしています。もしあのとき、天皇が交代していたら……それは日本の歴史に深い「傷」として残ったはずです。しかし、あのとき昭和天皇が踏み止まられたため、当時の危機の記憶はすっかり薄れていきます。日本占領下の一エピソードにすぎなくなってしまった、といってもいいでしょう。これからあと、さらに五十年、百年たてば、敗戦直後の皇室の危機など跡形もなく消え失せてしまうはずです。

その意味で、あのとき退位なされなかったことは昭和天皇の事績のなかでも大きな位置を占める結果となりました。

やや脇道に入りますが、「大日本印刷」という大きな印刷会社があります。戦前からある会社ですが、その北島義俊社長に「大日本という名前はどうして残されたんですか？敗戦当時は風当たりが強かったんじゃないですか？」と訊ねたら、笑いながら、「やっぱり終戦当時はいろいろあったように聞いておりますが、なんだかんだしているうちに残ってしまったんですよ」とおっしゃっていました。それがいまは世界一の印刷会社です。

私がなにをいいたいかというと、「大日本印刷」という名前を残したことで会社のアイデンティティを守ることにつながったのだと思います。

昭和の時代が戦前から戦後まで一貫し、そして完全に平和を回復してから平成の世を迎えたというのは、日本の歴史を振り返るうえで、じつに重要な出来事だったといえます。その点でも、昭和天皇もまた明治天皇と並んで「変化すれども断絶せず」という国体を体現された偉大な天皇であったということができます。

日本で最初に「天皇廃止」を叫んだのは戦前の共産党だ

いまでは日本共産党も天皇および皇室に反対することがなくなりました。

そこで思い出すのは、かつて共産党の幹部だった人と話をしたときのことです。その元幹部はこういっていました。「共産党が天皇制廃止をいわなくなったのは一種の〝こじつけ〟なんです。いまの憲法では天皇は『象徴』であって『元首』ではないから、別に廃止する必要はないという理屈をつけているわけです」と。

まさしく〝こじつけ〟、あるいは〝屁理屈〟としかいいようがありません。なぜなら、世界共産化をめざすコミンテルン（ソ連の主導する世界共産主義組織）は一九二七年に、日本共産党に対して次のような指令（いわゆる「二七年テーゼ」）を発し、共産党もそれに従ってきたからです。

・日本は半封建的国家であり、近代国家として熟成しているとはいいがたい。
・天皇制の廃止（原文を直訳すると「王制の廃止」）。
・日本共産党は当面の目標としてブルジョワ革命をめざす。
・その際、ヘゲモニーはプロレタリアート、農民がとるものとする。

これが日本で初めての、皇室を廃止しようという動きでした。

明治以後、日本では社会主義的な色合いをもつ党派が生まれました。しかし、それはいまでいう「格差是正」とか「貧困の撲滅」というスローガンを掲げていましたから、特別過激な動きはなく、しごく当たり前の運動だったといっていいでしょう。ところが、ロシア革命が起こり、ソ連が生じ、そのコミンテルンのテーゼを受けた日本共産党は「皇室の廃止」に狙いを定めましたから、それまでの社会主義的諸党派とはまったく次元を異にする動きを見せました。警察の取り締まりが厳しくなったのも当然です。「皇室および天皇を廃す」という日本開闢《かいびゃく》以来、類を見ない政治的動きでしたから、これは潰さなければいけない。

といっても、この共産党取り締まりは、実際上はたいしたことはなかったようです。戦前の日本の警察は強大な権力をもち、非常に秀れていたうえ、共産党員になろうという人間は日本中を探してもそれほど多くいたわけではありませんから、ほぼ一網打尽にしてしまいました。したがって、「共産党、恐るるに足らず」という側面があったこともまた事実でした。

戦前、警視総監を務めたことのある安倍源基《あべげんき》という内務官僚がいました。彼はこんな趣旨のことを書き残しています。――「一九二五年に公布された治安維持法は、戦後は共産党取り締まりのためのものだったと思われているようだが、じつは、あれは右翼対策の法律であった」と。当時の共産党員は数も少なかったし、彼らの居場所もだいたい掌握していたから、脅威ではなかったというのです。

ところが、右翼は怖かった。なんとなれば、右翼は「天皇、万歳！」と叫ぶけれど、それを除けば、考え方は共産党そっくりで、その勢力は共産党など比較にならないくらい大きく強かったからです。北一輝の『日本改造法案大綱』（大正十二年）に代表されるように、「天皇、万歳」以外の政治的プログラムは共産党そのものでした。

そんな右翼の思想に軍の青年将校たちがかぶれたために、五・一五事件（昭和七年）が起こり、それが二・二六事件（昭和十一年）にまで拡大してしまったのです。

青年将校たちが右翼的社会主義に飛びついたのは日本の不況、とりわけ農村の窮迫からでした。――自分たちの預かっている兵隊たちの農村は貧しい。それなのに、金持ちの資本家がいる。偉い将軍たちは多くの年金をもらっている。重臣たちもいる。貴族や華族もいる。「そんな階級は要らない」という〝義憤〟に駆られていたのです。

そこで彼ら青年将校たちは、一部財閥が巨利を貪る資本主義と、目先の利益だけを追いかけて国民のことを考えない政党政治をターゲットにしたわけです。だから安倍源基は、「突き詰めれば、青年将校たちは『天皇、万歳！』と叫んでいる共産党員であるから、彼らを取り締まりのいちばんの対象にしたのである」と証言しています。

したがって、日本の歴史を考えるとき、「戦前の右翼は社会主義者である」と考えなくてはなりません。そうした社会主義者たちのうちで「天皇廃止」を叫んだのが左翼であり、共産党であったというべきです。

その事実に遅ればせながら気づいたのが、昭和二十年二月、昭和天皇に「近衛上奏文」を奉呈した近衛文麿でした。上奏文にはこう記されています。

特に憂慮すべきは、軍部内一味の革新運動に有之侯《これありそうろう》。

少壮軍人の多数は、我国体と共産主義は両立するものなりと信じ居《お》るものの如く、軍部内革新論の基調も亦《また》ここにありと存じ侯《そうろう》。（中略）

> 是等《これら》軍部内一味の革新論の狙いは必ずしも共産革命に非ずとするも、これを取巻く一部新官僚及び民間有志（之《これ》を右翼というも可、左翼というも可なり、所謂《いわゆる》右翼は国体の衣を着けたる共産主義者なり）は意識的に共産革命にまで引ずらんとする意図を包蔵し居り、無智単純なる軍人これに躍らされたりと見て大過なしと存じ候。（中略）
>
> 不肖《ふしょう》（自分・渡部注）は、此間《このかん》二度まで組閣の大命を拝したるが国内の相克《そうこく》摩擦を避けんが為《ため》出来るだけ是等《これら》革新論者の主張を容れて挙国一体の実を挙げんと焦慮せるの結果、彼等の主張の背後に潜《ひそ》める意図を十分看取する能《あた》わざりしは、全く不明の致す所にして何とも申訳無之《もうしわけこれなく》深く責任を感ずる次第に御座候《ござそうろう》。

近衛の指摘するとおり、「右翼は国体の衣を着けたる共産主義者なり」といっていいのです。

その共産主義も、元祖であるソ連の崩壊（一九九一年）によって衰退し、現在では危険が去りました。中国も「共産主義を奉じる」と称しているものの、誰が見ても実態は初期の資本主義にすぎません。いま、ほんとうに共産主義を奉じている国はキューバと北朝鮮ぐらいのものでしょう。

歴史が証明する「天皇を敵に回したら勝てない」という鉄則

日本の歴史において、皇室はとりわけ権力をもっていたわけではありません。しかし、権威はありました。したがって、「天皇および皇室を敵に回したら勝てないぞ」ということは、頼朝以来の武士も明治以降の政治家もみな、わかっていました。また、庶民も皇室を敵視する政党を支持することはありません。

尊皇思想を否定したら立ちいかないということは、共産党員がいちばんよくわかっているはずです。

いまとなれば昔話ですが——戦後すぐ、社会がまだゴタゴタしていたとき、「これで共産党が『皇室、万歳！』といったら共産党政権ができるんじゃないか？」と、憂慮したことがあるのを覚えています。「戦前はすべて悪かった」というムードが一部に広がったあの時代、共産党びいきの人が増えていたからです。しかも、あのころの共産党は憲法第九条を批判して「国家なのだから軍隊をもたなければおかしいじゃないか」と、じつに筋道の通ったことを主張していました。だから、彼らが「天皇陛下、万歳！」といっていたら、共産党が天下を取っていた可能性があるというのは誇張でもなんでもないのです。ところが、日本共産党はすべてソ連の指令の下にありましたから、とても「天皇、万歳！」とはいえなかった。日本はそれで助かった、という一面もありました。

繰り返しになりますが、日本では尊皇思想を否定した勢力は絶対に勝つことができないのです。

私の記憶では、公明党もごく初期のころは反皇室的だったような気がします。そこで宗教に詳しいある人に訊いてみたら、こんなことを教えてくれました。

公明党の支持基盤である創価学会の創立者・牧口常三郎は戦前、不敬罪と治安維持法違反の容疑で逮捕されたことがあり、名誉会長の池田大作氏の小説『人間革命』（聖教新聞社出版局）には、二代目会長の戸田城聖が池田青年に「代々続いてきた天皇という存在を破壊する必要はないが、また、特別に扱う必要もない。天皇も仏から見るならば同じ人間だ。凡夫である」と語るシーンがあるそうです。そういう創価学会をバックにする公明党も、庶民を取り込むためには「反皇室」をいったらダメだということを知ったのでしょう、「天皇は凡夫である」などとはいわなくなりました。日本共産党が「皇室反対」をいわなくなったのと似たようなものかもしれません。

＊

尊皇の思想のポイントは次の四つにまとめることができます。

①「尊皇」は日本人の潜在意識のなかに流れている精神のひとつである。したがって、それを外国人に説明するのはむずかしい。

②北畠親房や山鹿素行は、そうした天皇を戴く日本を「神の国」「中華の国」であるといった。

③日本には「国体は変化すれども断絶せず」という歴史がある。それを象徴するのが、「王政復古」と「王政維新」を同時に成し遂げた明治天皇であり、戦後、退位なさることのなかった昭和天皇である。

④わが国で初めて皇室を廃そうとしたのは戦前の日本共産党だが、「天皇を敵に回したら勝てない」というのが日本史の鉄則である。

第八章

職人文化と日本の技術

職人に敬意を払う日本では名刀を眺めて心を鎮める文化まで生まれた

日本の場合、特徴的なのは職人を重んじることです。秀れた職人には敬意を払います。われわれ日本人とすれば、それはしごく当然のように思いますが、お隣の韓国と比べてみれば、これがじつは日本の美点のひとつになっていることがわかります。

古くからの儒教の教えのせいで、韓国では職人を蔑視する風潮があります。そのせいか、韓国の手抜き工事のヒドさは世界中に知れ渡っています。ソウルの真ん中を流れる漢江《ハンガン》に架かる聖水《ソンス》大橋《おおはし》が地震でもないのに、突然、中央部が五十メートルにわたって崩落、三十二人が死亡したのは一九九四年のことでした。橋が完成してから、わずか十五年後のことでした。

その意味で、職人を大事にする文化の有無は真の文明国の資格を問う試金石ということができそうです。

それまで私は知りませんでしたが、ドイツへ行ったら、日本の根付《ねつけ》がものすごい人気でした。矢立てや印籠などを帯に吊るして持ち歩くときに用いる留め具ですが、たしかによく見ると、じつに細かい細工が施されていて、それはそれはみごとな芸術品です。

刀の鍔《つば》。あれもすごい美です。

刀それ自体もじつに美しい。先に足利将軍・義輝に触れたときに申し上げましたが、刀は高級な美術品でもありましたから、もったいなくて使えなかったという逸話があるほどです。名刀・正宗などをかざして眺め、精神を整えることもします。

ところが、西洋では武器を眺めて心を鎮めるという話はあまり聞いたことがありません。そこで私が重要だと思うのは、われわれが神や仏を拝むとき、何をイメージするかということです。われわれは秀れた絵であるとか名工が彫った像であるとか、そういうものを思い浮かべます。もっとも、イスラム教はそうしたイメージの基になるものを崇めるのが嫌で、いっさいの偶像を排していますが、キリスト教では聖母マリア像、日本であれば弥勒菩薩といった具合に、秀れた芸術品を見て宗教心を養うことが多いように思います。それと似たような意味で、名刀をじっと見つめて心を整えるのでしょう。そして、それは大和魂の涵養に役立つように思います。

日本は刃物文化が非常に盛んで、東京の合羽橋《かっぱばし》には多くの外国人旅行者が押しかけているとも聞きました。切れ味のいい包丁や爪切りなど、日本の業《わざ》の威力を示した小さな工芸品がたいへんよく売れているといいます。いかにも、職人の技をたいせつにしてきた日本らしい話です。

銃も蒸気船もたちまち造ってしまう技術力

そのように職人の技を重んじる国ですから、わが国はたとえば火縄銃が入ってくると、たちまちのうちに自分たちの手で同じものをつくってしまいます。

現在の鹿児島県の種子島《たねがしま》へ伝来した火縄銃が「種子島銃」と呼ばれるようになったのは一五四三年のことでした。種子島の領主はさっそく二挺を購入し、刀鍛冶《かたなかじ》に命じて複製を研究させています。また当時、種子島に在島していた堺と紀州（現在の和歌山県）の人が本土へ持ち帰ったため、鉄砲の製造技術は複数のルートで始まっています。

そして、島津の家臣が大隅の国（現在の鹿児島県）の加治木《かじき》を攻めたとき、種子島の領主から贈られた銃を使用しています。これが日本で初めて火縄銃を実戦で用いたケースだといわれています。この「加治木攻め」が一五四九年のことですから、その伝来から少なくとも六年後にはみずからの手で製造するまでになったことがわかります。おそらくは二、三年で造ってしまったことでしょう。

やがて鉄砲鍛冶《てっぽうかじ》という職業が正式に成立し、銃が戦場における新兵器として導入され、日本の天下統一を左右する有力な武器となっていきます。

同様のことは蒸気船についてもいえます。

ペリーの黒船が浦賀に来航したのは一八五三年のことでした。帆も櫓《ろ》もなく、自力で走

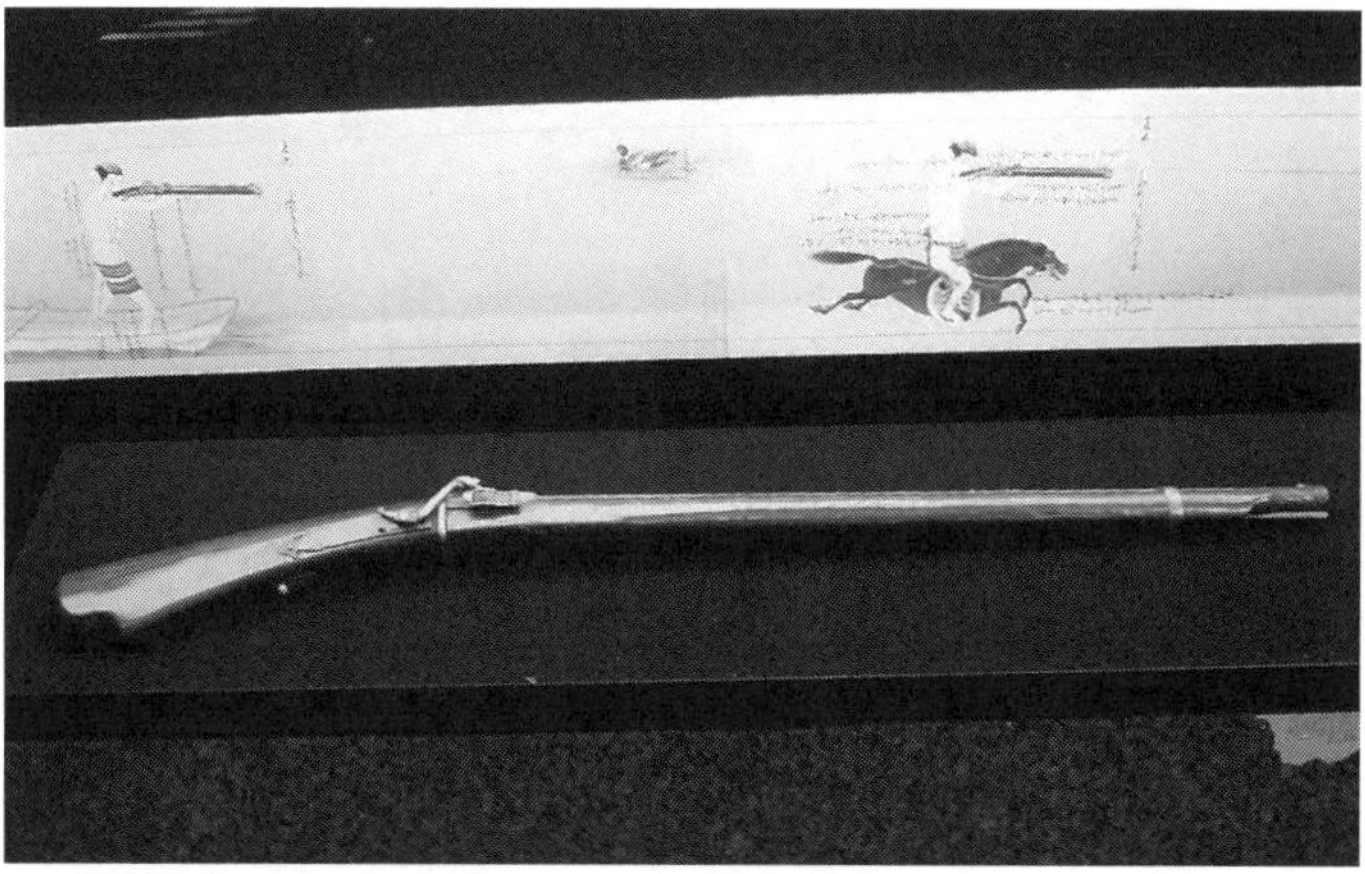

種子島火縄銃は初期の火器（火砲）の形態。通常、日本では小型のものを鉄砲、大型のものは大筒と称する。愛知万博のポルトガル館展示物。

る蒸気船を見て、瞠目《どうもく》するとともに、「わが藩でも……」と考えた藩主が少なくとも三人いました。

薩摩藩の島津斉彬《しまづなりあきら》、佐賀藩の鍋島直正《なべしまなおまさ》、伊予宇和島藩の伊達宗城《だてむねなり》です。

この三藩は蒸気船の建造競争を始め、最初に造られたのが薩摩藩の「雲行丸《うんこうまる》」だといわれています。一八五五年に試作船が完成、江戸の薩摩藩邸前の海で試運転したといいますから、ペリー来航からわずか二年後のことでした。五七年には薩摩本国へ回航されています。

佐賀藩が建造した「凌風丸《りょうふうまる》」の竣工は六五年ですから、薩摩に比べると少々遅れた感があります。それでもその性能は「雲行丸」をはるかに凌ぎ、「日本で建造された最初の実用蒸気船」といわれています。

さて、伊予宇和島藩の藩主・伊達宗城は城下の提灯屋《ちょうちんや》を抜擢して建造を命じています。もちろん、彼ひとりに任せたのではなく、藩を挙げて試行錯誤を繰り返し、実験的な蒸気船を完成させました。これは黒船来航の五年後の五八年のことでしたから、薩摩藩にわずかに遅れただけでした。しかも薩摩が外国人技師を雇っていたのに対し、宇和島藩の船は日本人だけで造っていますから、「日本人が建造した蒸気船の第一号」という栄誉を担っています。

下瀬火薬は戦艦の歴史を変えた

日本の秀れた技術力が国を救ったこともありました。

それは一九〇四年から〇五年にかけての日露戦争のときのことでした。日本海海戦でわが帝国海軍はロシアのバルチック艦隊にパーフェクトな勝利を収め、世界中の人びとを驚かせたことはよく知られています。

では、この〝奇跡〟はどうして起こったのでしょう?

当時の海戦はいかに敵艦を沈めるかが最大のポイントでした。艦砲で砲弾を撃ち込み、敵艦に穴を開けるのが主たる戦法でしたから、戦艦というものは船体に分厚い鉄板や鋼板

日本海海戦は1905年5月27日から 28日に、日露戦争中に行われた海戦。連合艦隊旗艦三笠艦橋で指揮を執る東郷平八郎大将の絵画。

を用いて、砲弾が貫通しないように防備していました。ですから、たとえ命中したとしても、必ずしも沈没させられたわけではありません。げんに、東郷平八郎大将が座乗していた旗艦「三笠」は敵弾をなんと三十七発も受け、甲板や舷側《げんそく》に穴が開き、百余人の死傷者を出しましたが、それでも沈むことはなく戦い続けました。このように、戦艦というものは船底を破られないかぎり、そう簡単には沈没しないものなのです。

　そうであればなおさらのこと、日本海海戦で日本側が一方的な勝利を収めることができたのはなぜなのか？　答えは日本オリジナルの「下瀬火薬」といわれる新式火薬が威力を発揮したからです。

下瀬火薬というのは、明治二十四年（一八九一年）に下瀬雅充《しもせまさちか》という海軍技師が発明した新型火薬です。この火薬が生み出す爆風は従来型の数倍に達し、炸裂した砲弾のかけらは猛スピードで飛散しましたから、その殺傷力も従来のものより数倍も高かったといわれています。さらに、気化した三千度の高熱ガスが塗装に引火すると、艦上で大火事を起こしたのです。だから、帝国海軍の砲弾が命中するたびに、ロシアの戦艦では猛烈な爆発と火災が起き、たちまちのうちに戦闘力は衰え、戦意も失われ、日本は圧倒的な優位に立つことができました。砲撃の狙いが少々逸れても、相手に大損害を与えることができたから、なおさらです。

これに加えて、伊集院五郎《いじゅういんごろう》という海軍大学校出の軍人が発明した「伊集院信管」が下瀬火薬の威力を十二分に発揮させることになったため、彼は「日本海海戦勝利の影の功労者」といわれています。

また、海軍技師の木村駿吉が〇三年に「三六式無線電信機」を開発、海戦中も艦船間での情報交換が可能となりましたから、「敵艦見ゆ」の報が日本の連合艦隊に届きました。それが日本側に決定的な優位につながったことはいうまでもありません。

こうした日本の技術は世界の海軍関係者に大きな衝撃を与えました。「装甲による防御」

というそれまでの〝常識〟が下瀬火薬によって根本から覆されてしまったからです。そこでイギリス海軍は〇六年に、下瀬火薬に対抗すべく、十二インチ砲十門の砲塔を備える巨大戦艦「ドレッドノート」号を建造しています。よく「超ド級」といって桁違いに大きいことを形容しますが、「超ド級」の「ド」というのは「ドレッドノート」号の「ド」を意味しています。

ともあれ、下瀬火薬は戦艦の歴史を変えるほどの大発明だったのであり、日本の技術はそれほど秀れていたのです。

日本の技術革新にはまだ期待している

そうした歴史と伝統があるため、近年、威力を示したのが「産業のコメ」といわれた半導体でした。半導体が次から次へと成功した八〇年代半ばは日本のほんとうの経済成長期でした。ちょうどそのころ、東京大学名誉教授のシステム工学者・石井《いしい》威望《たけもち》さんと定期的にお会いする機会がありました。すると、石井さんは「今度こういうものができました。間もなくこういうものが完成します」といった具合に、日進月歩する日本の科学技術のお話をしてくださいました。文字どおり、世界の先頭を走る日本の理系の力の凄さが実感できて頼もしかったし、じつに楽しかったことを思い出します。

そのように、小さいものをつくらせたら日本が圧倒的に強かった時代がありました。「日本は人を出さなかった、汗をかかなかった」と非難された湾岸戦争のとき（一九九一年）、アメリカを中核とする多国籍軍がハイテク兵器を駆使したのはご存じのとおりです。しかし、あのハイテク兵器のいちばん重要な部分を日本が供給していたという事実は意外に知られておりません。私にそれを教えてくれた評論家の唐津《からつ》一《はじめ》さんによれば、武器も飛行機も、半導体に関するかぎり、パッケージについては一〇〇パーセント、その他九十三種類のうち九十二種類のものを独占的に提供していたのが日本だったそうです。

直近の出来事としては、総合家電メーカーのシャープが台湾の鴻海《ホンハイ》精密工業に買収されるという悲しむべきニュースがありました。一九八〇年代半ばの円高不況を克服したのは日本の技術以外の何物でもなかったことを思えば残念としかいいようがありません。それでもノーベル賞に関して、二〇一四年には名古屋大学の赤崎勇博士と天野浩博士、それに米国籍を取得してはおりますが中村修二博士が物理学賞を、一五年には大村智博士が生理学・医学賞を、東京大学の梶田隆章博士が物理学賞を相次いで受賞しています。日本の技術はまだまだ捨てたものではありません。自然科学系のノーベル賞の数では、二十一世紀になってからではヨーロッパのどの国よりも日本の受賞者が多いのです。そんな国が戦前ノーベル賞の受賞者がなかったのは人種差別のせいだと言われていいます。第一回ノーベル医学賞は今日誰がみても北里博士のものでした。ノミネートされていたのに、実際ノミネートされていないドイツ人になったのは、ドイツ皇帝のためと言われています。この皇帝は「黄禍論」を唱えた人です。その他、ヴィタミンB、天文学のZ項発見、野口英世の業績等に、多くの自然科学系のノーベル賞に値すると思われる研究が日本人によってなされています。戦後湯川博士が最初の日本人受賞者になったのは、大東亜戦争の結果、人種差別が通用しなくなったからだと言われています。

考えてみれば、大きな電子計算機を瞬く間に小さくしたのも日本の技術でした。そんな歴史がありますので、まだこれからも何か新しい技術革新が日本から生まれるのではないかと、私は秘かに期待しています。

飛鳥時代創業の企業まである日本の〝老舗文化〟

ここでまた韓国との比較で話を進めれば、あの国は商人に対する偏見も強いため、昔から続く老舗《しにせ》がありません。ところが、日本には何代も続く老舗がわんさとあります。百年以上続く店を世界中から集めてみると、そのうちの八割以上が日本だったというデータもあります。

これは有名な話ですが、寺社建築の金剛組（大阪市）という会社は「世界最古の企業」

といわれています。創業はなんと西暦五七八年！　飛鳥時代です。この会社のホームページには以下のような沿革が記されていました。

578年

聖徳太子の命を受けて、海のかなた百済の国から三人の工匠が日本に招かれました。このうちのひとりが、金剛組初代の金剛重光です。工匠たちは、日本最初の官寺である四天王寺の建立に携わりました。重光は、四天王寺が一応の完成をみたあともこの地に留まり、寺を護りつづけます。

593年

創建時、四天王寺は当初計画にあった廻廊と講堂の建築を残しておりました。これらの完成は八世紀の初め、創建時から百数十年を経た奈良時代前期のことです。その時すでに初代金剛重光はこの世にはなく、その技術と心は二代目から三代目へと代を重ね、後世に受け継がれていきました。

四天王寺はご記憶のことと思います。第三章で触れたとおり、物部氏と戦ったとき、聖徳太子が「戦いに勝利すれば仏塔を建て、仏法の普及に努めます」と誓い、念願が叶って建てた寺、それが四天王寺でした。

最近、大きな温泉ホテルは潰れるケースが多いけれども、家業でやっている小さな温泉宿はほとんど潰れることがないという話を聞きました。お湯の量が少なくて済みますから「源泉かけ流し」と銘打っても、実際にそれができるといいます。団体バスでドッと繰り出す温泉旅行は「食事はバイキング、ビールは飲み放題……」というのがキャッチフレーズになっているようですが、温泉の質はあまりよくない。まあ、湯治に行くわけではありませんから、それでも構わないのでしょうが、家業としての温泉宿はお湯の質を問題にするといいます。環境庁の調べによると、そうした温泉宿は日本の温泉業者の一パーセントだそうです。そうした温泉宿は健康のために行く旅館に分類されています。部屋数は七つか八つだから、三百六十五日いつでも埋まっているそうです。したがって、潰れるわけがない。従業員の数も少なくて済みますから、経営破綻のしようがありません。

このように、「長く続く小さな店」というのも、やはり日本的な特徴のように思います。私がよく行く東京・赤坂の天ぷら屋さんなども、「潰れるはずがないよな」と感じます。私は先々代のときから知っていますが、土地は自分のもので、家族経営だからです。地代は要らず、人件費も要らない。そのため、材料の質を落とさないでも十分黒字を出し続けられるのです。

その類の店が世界中でいちばん多いのが日本なのです。

前に触れたように、『「縮み」志向の日本人』という本がありましたが、縮むことができるというのは大きくもできるということです。小さな根付に技を振るった日本人は、戦艦大和や奈良の大仏も造れます。ところが、大きなものばかりつくっていると小さなものをつくるのはむずかしい。それは、キャデラックのような大型車を製造してきたアメリカの自動車メーカーが日本のような高性能の小型車をつくれないことが証明しているのではないでしょうか。

これからどのような世界になるかはわかりません。しかしマス・プロダクションとは対照的な「家業の時代」がくるようになるかもしれません。そうなれば日本の伝統はますます輝くのではないかと思います。

*

世界に向かって誇れる日本の技術は――、
① 職人を重んじる伝統に支えられてきた。それは名刀を見つめて心を整える精神にも通

じている。

②日本の技術がどれほど秀れているかは、火縄銃が伝来すればすぐそれをつくってみせ、ペリーの蒸気船に驚愕すれば二、三年で国産化してしまうという事実が証明している。

③それのみならず、日本の技術が国を救ったケースもある。代表的なのは日露戦争に際しての下瀬火薬だ。この新型火薬は日本海海戦の圧倒的勝利を生み、また戦艦の歴史も一変させてしまった。

④自然科学系のノーベル賞も、二十一世紀に入ってからはヨーロッパのどの国にも負けない。

⑤何代も続く老舗があるのも日本の特徴である。寺社建築の金剛組など、飛鳥時代の創業だというから驚かずにはいられない。

第九章

富とは何か？

お金をめぐる小さな随想

豊かに富んでいることを英語では「リッチ」といいます。古い英語ではドイツ語と同じく「ライヒ」となります。これは「国家」という言葉にも通じ、さらにさかのぼると、「リーチ」といって「権力の手を伸ばす」という意味になります。

同じインド・ヨーロッパ語ですから、サンスクリット語でインドの君主や貴族をさす「ラージャ」も「ライヒ」や「リーチ」と語源を同じくしています。ラテン語で王をさす「レックス」も同種の言葉です。

そこで、英米人に〝He is rich〟といったら、いまでも彼らは「金持ち」と同時に、「権力をもった人」「政治を動かすような人」も連想するはずです。ですから、いまアメリカ大統領選で渦中の人となっているトランプ氏など、典型的なリッチといえます。ロックフェラーもまた然《しか》り、です。

そうした広い意味をもった「リッチ」という言葉が次第に「お金」や「富」に重心を置くようになると、欧米では「富」をめぐって、いろんな考え方が生まれてきます。そのなかで私が重要だと思うのは、お金とは「自由」というものの基本をなす、という考え方です。これは、ウィーン学派を代表するノーベル経済学者フリードリヒ・ハイエクの思想でもあります。

たとえば、お金のない世界を考えてみましょう。そこでは土地を支配している人が全権力を握り、そのほかの人たちは彼に従わざるをえないでしょう。家来ないし奴隷のように使われます。そこには自由など、ありません。

あるいは、お金が存在しなければ、「リンゴが欲しい」といったとき、「じゃあ、おまえの服をよこせ」とか「代わりに魚をもってこい」と要求され、ひどくめんどうな話になってしまうことでしょう。

しかし、貨幣が流通することによって、そうした問題はすべて解消されてしまいます。ここにお金の重要性があります。たしかに、お金が流通することによって、貧富の格差が生まれることはあるでしょうが、お金のない世界を考えたら、まだマシです。

げんに、共産主義社会を理想とした旧ソ連（現・ロシア）でも、さすがに貨幣は廃止しませんでした。しかし、「お金や財産は悪いものだ」という考えはどこかにありました。私有財産を否定したマルクスの思想的流れを汲んでいたわけですから、それも当然の話でしょう。

では、お金を嫌う国はどうなったでしょう？　ご承知のように、ソ連は崩壊してしまいました。毛沢東時代の中国やポル・ポトが暗黒支配したカンボジアの人びとは極貧に苦しみました。しかも、お金を憎む世界では、人は時の権力に媚びを売らないと生きていけま

フリードリヒ・ハイエク（1899〜1992）オーストリア・ウィーン生まれの経済学者、哲学者。オーストリア学派の代表的学者の一人であり、経済学、政治哲学、法哲学、さらに心理学にまで渡る多岐な業績を残した。

せん。そして、その権力者から見捨てられたり、目をつけられたりしたら……生きていくことすらできなくなってしまいます。ソ連時代のノーベル賞作家ソルジエニーツィンが『収容所群島』（新潮文庫）で報告しているように闇のうちに葬られたり、極寒のシベリアへ送られて朝から晩まで強制労働を強いられたりします。

その点、お金の流通する社会であれば、たとえ会社をクビになっても、別の会社へ移って生きることができます。出世を考えなければ、何を恐れることもなく庶民のささやかな暮らしを楽しむことも可能でしょう。

そういう点からしても、お金は「自由」の基礎をなしているのです。「人びとの自由の保証は私有財産（富）による」というハイエク先生の指摘はまさに至言というべきです。

ここで、「富」について長いあいだ観察してきた私の感想を付け加えておけば——①お金というものは、賢明に使えば使うほどいい召使いになるように思います。②おもしろいことに、お金や財産をいいものだと思っている人のところには、自然とお金が集まるようにできているものらしい。

私自身をふくめ、いろんな人の「富」との付き合い方を見てきた結果、どうもそういうことがいえそうです。

いくら褒めても褒めきれない渋沢栄一の功績

「以後よく広まるキリスト教」という語呂合わせがあるように、日本にキリスト教が入ってきたのは一五四九年のこととされます。日本にやってきたキリシタン伴天連《バテレン》（宣教に従事した司祭）たちがいちばん驚いたことは、貧しい武士が威張って金持ちの町人がペコペコしていることだったといいます。

「日本資本主義の父」ともいうべき渋沢栄一も同じような体験をしています。渋沢さんが生まれたのはいまの埼玉県深谷市にある富裕な豪農でした。当時の領主は金に困って、富裕な家に寄付金（冥《みょう》加《が》金《きん》といった）を強要するようになったといいます。すると、冥加金を献上する側が代官にペコペコ頭を下げながら差し出している。そんな光景を目にして、少年・栄一は「こんなバカな話があるものか」と憤慨したというエピソードが伝わっています。

この渋沢栄一について、私は日本経営合理化協会のホームページに連載している「渡部昇一の日本の指導者たち」のなかで触れていますので、ちょっとご紹介しておきます。
彼が一橋家の家臣になったころの話です。

財政的にすぐれた才能を発揮したのが認められ、勘定頭に抜擢され、更に慶応三年（一八六七）には将軍徳川慶喜の弟の昭武が日本政府代表としてパリ万国博覧会に出席する時に、、財布を預かる役目としてヨーロッパに渡った。

そしてフランスはじめヨーロッパの先進諸国を廻り、すぐれた工業技術や経済制度を直接に見学して、将来の日本のあるべき姿をはっきり頭の中に焼き付けた。途中で幕府は潰れたが、彼は当時の留学生たちの経済的配慮も落度なくやって帰国し、一時、慶喜のいる静岡藩に仕えた。

しかしこのような有用な人材を、富国強兵を目指していた——つまり欧米先進国に追いつき追い越すことを目指していた——明治政府が放っておくわけはない。

新しい貨幣制度、租税制度、国立銀行制度など、彼が関与しないものはない。しかし健全財政主義——入るを量って出づるを制す——を奉ずる彼の意見は政府に容れられず、三十四歳の時に退官。以後、死ぬまで民間人として日本の経済界に尽くすことになる。

まず、第一国立銀行を立て、更にその他の銀行の設立、手形交換所、製紙会社（王子製紙)、主要紡績会社、日本郵船、民営鉄道、造船会社、肥料会社、電力会社、ガス会社、東京株式取引所、帝国ホテル……など、その後の日本の株式市場の重要銘柄になった多くの会社の設立の推進力となった。

しかし彼は三井、三菱、住友、安田のような財閥を作らなかった。作ろうと思えば簡単であったろう。しかし私欲を捨てて、日本に株式会社という資本主義の基本的制度を普及させ、根付かせようとしたのであった。

三菱の岩崎弥太郎が渋沢と手を組んで日本の経済を支配しようと申し出た時、渋沢は「それは日本のタメにならない」と言って断ったと伝えられる。渋沢は自分が関係し設立した銀行や会社の株の一割以上は持とうとせず、それを欲しがる関係者に渡したが、利益の上がらない株だけを手許に置いたとも言われる。

渋沢 栄一（1840～1931）元幕臣、官僚、実業家。第一国立銀行や東京証券取引所などの多種多様な企業の設立・経営に関わり、「日本資本主義の父」ともいわれる。

のちにこんな逸話もあります。たしか三菱系の日本郵船だったと記憶していますが、あるとき渋沢さんとこじれたことがありました。すると、日本郵船内部では「渋沢さんと長く争ってはいけない。どんなことであれ、渋沢さんと争ったら、争った側が何か悪いことを考えているのではないかと、世間から邪推されるからだ」という意見が出て、自然に収まったというのです。それほど〝人徳〟のある人でした。

明治時代の近代化が進んだのは渋沢栄一のような大人物がいたからです。もし韓国にも渋沢さんのような人がいたら、あの国の近代史は違っていたことでしょう。しかし、「なるべく大勢の人がたくさんの会社をつくって……」という渋沢さんのような偉人が出なかったため、韓国は経済的にテイク・オフすることができなかったのです。

商業を賞讃した石田梅岩の「心学」

渋沢栄一からさかのぼって、「富」に関して新しい考えを示した人を訪ねれば、それは心学《しんがく》を始めた石田梅岩《いしだばいがん》という思想家です。

梅岩の経歴についてはあまりよくわかっておりません。江戸時代の中期、丹波の国（現在の京都府亀岡市）に生まれています。私はその実家を訪ねたことがありますが、かなり豊かな農家だったのでは……と思いました。梅岩は十一歳のとき京の都に出て、二十三歳から呉服屋に奉公。そこで勉強をして、二十年近くをその店の番頭として勤めています。

彼の思想の中心には「商業は武士の務めに劣らず尊いものである」という考えがありま

した。そうして商行為の正当性を説くと同時に、武士の時代にあった「金儲けは卑しいものだ」という風潮・観念を払拭しました。それが彼の「心学」の最大の功績である、ということができます。

主著『都《と》鄙《ひ》問答《もんどう》』では、現代語訳すると、こんなふうにいっています。

商人がみな農・工となれば、物資を流通させる者がいなくなり、すべての人が苦労する。士農商工は世の中が治まるために役立ちます。そのうちのひとつでも欠けると、どうしようもなくなってしまう。士農工商を治めるのは君主の仕事であり、君主を扶けるのは士農工商の役目です。侍は位をもった臣下であり、農民は野にある臣下、商・工は町にある臣下です。

石田梅岩（1685〜1744）江戸時代の思想家、倫理学者。石門心学の開祖。「二重の利を取り、甘き毒を喰ひ、自死するやうなこと多かるべし」「実の商人は、先も立、我も立つことを思うなり」などの言葉が有名。

心学というのは文字どおり、「心を修める学」ですから、次のような革新的な考えも示しています。――人間には心がある。心というのは玉のようなものである。そうであれば、その玉を磨かなければいけない。それには磨き砂が必要であるが、心を磨くことのできる材料であれば、神儒仏を問わない。神道で磨いてもいいし、儒教で磨いてもいいし、仏教で磨いてもいい。「一に泥《なず》まず、一を捨てず」（どれにも執着せず、どれをも捨てず）と、じつに融通無碍《ゆうずうむげ》な見解を示しましたので、梅岩の心学は日本全国に普及しました。

ひとつの宗教に凝り固まることのないメンタリティー、そして商業で儲けることはけっして卑しいことではないという考え方は、こうして日本人のあいだに浸透していったのです。昔は地方の大きな商人の家は心学びいきが多かったようです。

二宮尊徳の「報徳仕法」を支えた「分度」の思想

江戸時代末期の篤農家《とくのうか》・二宮尊徳すなわち二宮金次郎も心学派でした。金次郎は相模の国の栢山《かやま》（現在の神奈川県小田原市）というところに生まれています。じつに偉い人で、何百という荒れた村を再興させたといわれています。

この人は朝から晩まで働いて、そして勉強したといわれておりますが、八十年前の農家を知っている私からいわせれば、それは超人的なことでした。八十年前でも、勤勉に働いた人は勉強などする暇はありませんでした。そこで私は、なぜ金次郎が勤勉に働きながら勉強をする気になったのか、ちょっと調べてみたことがあります。すると、こんなことがわかりました。

金次郎の祖父という人は二宮本家からの分家でした。この人は非常に働き者で、ざっと三町歩《さんちょうぶ》の財産をつくっています。だいたい一町歩（三千坪）あれば「立派な自作農」といわれた時代ですから、三町歩といったら、かなり広い。ところが、この祖父には子供いなかったため、本家から養子をもらっています。金次郎の父になる人ですが、この人は体が弱くて、お人好しでした。しかし頭はよくて勉強が好きだった。

この父親が亡くなったとき、金次郎は十四歳でした。ということは、いまの中学生の年齢ですから、絶対にお父さんから勉強を教えられていたに違いありません、だから、金次郎は勉強の〝味〟を知っていたのです。江戸時代の人は早熟ですから『論語』や『大学』（儒者にとっての基本綱領を記した書）ぐらい読んでいたと思います。

二宮本家から分家へ養子に行った当初、金次郎の父は豊かでしたが、勉強ばかりしてあまり働かなかったから、三町歩の土地を三分の一ぐらいに減らしてしまったといわれています。そこへもってきて、近くを流れる酒匂川《さかわがわ》の堤防が決壊して田畑は砂礫に蔽われてしまった。そのため、父親が亡くなると、二宮本家の連中は金次郎に「勉強などしないで働け、働け！」といったと伝えられています。

しかし、金次郎は勉強の〝味〟を知っていましたから、勉強をやめる気はない。一日中

二宮尊徳（1787～1856）江戸時代後期の経世家、農政家、思想家。通称は金治郎。かつてはどこの学校にもあった二宮像。

働いたあと、夜、勉強する。当然、油を燃やします。すると、本家の伯父さんが「油がもったいない」といって怒るわけです。そこで金次郎はどうしたか？　誰も手を入れようとしない荒れ地に菜の花を植え、そこから菜種油を取って灯油にしたというのです。

とにかく、一所懸命に勉強をしています。

それも、机の上の勉強だけではなく、実地の学問もやっていました。先ほどいったように心学派ですから、いろんなことを考えています。たとえば——天の道は稲を伸ばす。しかし雑草も伸ばす。そうだとすれば、天の道だけでは農業は成り立たないのではないか。そこで、「人間は天の道だけでなく、人の巧みということも考えないといけない」という趣旨のことをいっています。

ですから、彼は水車もつくっています。水は高いところから低いところへ流れていく。そのままにすれば水は流れっぱなし。これは天の道である。しかし、流れる水を利用して水車を回せば米を搗《つ》いてくれる。それゆえ人は天に感謝しながらも、時に天に逆らわなければいけない。そうした人の巧みに富の根拠を認めたわけです。

ですから、金次郎（二宮尊徳）はいろいろおもしろい言葉を残しています。

世の中の人はみな、金銭の少ないのを嫌って、ひたすら多いことを願うけれど、もしも金銭が銘々の願いどおりに多かったとしたら、砂や石となんの違いもなくなって、価値を失ってしまう。

貧となり、あるいは富となるのは偶然ではない。富にも原因があり、貧も同様である。人はみな、財貨は富者のところに集まると思っているが、そうではない。節倹なところと勉励するところに集まるのである。

そういう考えの持ち主でしたから、父親が失った財産を二十歳ぐらいのときに取り戻しています。そして、三十前には大地主になっています。

金次郎は当時の農村では珍しいことに「金融」にも目覚めていました。自分の土地を取り戻すと、今度は水害にあった荒れ地がいっぱいあることに目をつけます。そこを耕し、米をつくると、それを売ってお金にする。そして、その金を貸し出すという金融業までやっています。そうやって儲けた金で土地を買い足す。その土地は小作に出しましたから、あっという間に大地主になったのです。

その働きぶりが認められて、小田原藩の服部という千二百石取りの家老の家の立て直しを依頼されています。そのとき、金次郎は五年計画の「節約」で立て直しを約束――みごとに服部家の千両の負債を償却しただけでなく、余剰金を三百両も生み出しています。そして、自分では一銭の報酬も受け取りませんでした。

これによって、小田原藩では「二宮金次郎」という名前が一挙に知れ渡るようになります。

次は、小田原藩の支藩である下野《しもつけ》の国（現在の栃木県）の桜町藩へ行き、そこの再興・救済に当たっています。そのときの原理のひとつとして「分度《ぶんど》」がありました。分度というのは、いまでいえば「予算」です。封建時代の人というのは収入がどれだけあるかということにルーズでしたから、収入を超えて浪費してしまうことが間々あったのです。

桜町藩へ行ってみたら、「うちは四千石だ」といっていましたが、金次郎が時代をさかのぼって詳しく調べてみたら、ずっと二千石でしかなかった。それにもかかわらず、殿さまは四千石の暮らしをしていたのです。そうすれば、どうしたって年貢は高くなりますから、それを嫌って百姓は逃げ出し、田畑は荒れる。桜町藩はどうにも手の打ちようがないほど貧しくなってしまったのです。そこで金次郎は、「二千石しか収入はない」というところから藩政の立て直しにかかりました。年貢も二千石並みになりますから、以前の半分。百姓だって働く気になり……そうして藩政の健全化を成し遂げています。

この「分度」という考え方について、金次郎はこんな言葉を残しています。

国や家が窮乏に陥るのはなぜかといえば、分内の財を散らしてしまうからだ。財を散らさないようにさえすれば、国も家も必ず繁栄を保つことができる。国や家の衰えを正そうとするには、何よりもまず分度（予算）を立てることである。分度が立ちさえすれば、分内の財が散らないから、衰えた国も興《おこ》すことができ、潰れかけた家も立て直すことができる。

金次郎のそうした活躍を見たほかの藩の人たちも、次第に彼の「報徳仕法《しほう》」を奉じるようになっていきました。これは金次郎が主導した財政再建策の総称で、簡単にいえば「分」に応じた生活を守り、余剰分を拡大再生産に充てることです。

報徳仕法に関してはこんなことをいっています。

一万石の米は一粒ずつ積んだものだ。一万町歩の田も一鍬《ひとくわ》ずつ耕したものである。万《ばん》里《り》の道も一歩ずつ積み重ねたものだ。高い築山《つきやま》も、もっこ一杯ずつの土を積んだものだ。小事を努めて怠らなければ、必ず大事は成就する。

同じようなことは、のちに、本多静六という人がいっております。この人は極貧《ごくひん》から身を起こし、東京帝国大学で最初の林学博士になっています。全国の多くの国立公園や日比谷公園や明治神宮などは本多博士の手になるものです。個人的な面では、多数の学術書や啓蒙書を出す一方、巨額の私産をつくり、一時は淀橋区（現在の新宿区）一番の高額納税者になったこともあります。晩年は、老夫婦が暮らしていくだけの資産のほかはすべて――現在のお金で何十億円か何百億円相当――を公益事業に寄付しています。

そんな本多静六先生は若いころ、次のような方法で貯蓄をしています。たとえば、給料が二十万円だったとします。そこから二割引いて、十六万円で暮らしていけるかといったら、必ずできる。そして四万円を貯めていくと、やがて給料も上がりますから、貯まるお金も増えてゆく……。これは「報徳仕法」と同じ考え方です。

そこで思い出すのは、かつて雄松堂書店の社長さんから聞いた話です。――「おもしろいもんですなあ」というので、なにがおもしろいのか訊いてみたら、「同じ給料でスタートした同期の社員でも、ひとりは十年ぐらいするとローンを組んで家を買うのに、別の男はいつまでたってもピーピーしている。おかしなものです」といっていました。

そこがまさに二宮尊徳ふう、あるいは本多静六ふうの生き方ができているか否かの差です。二宮尊徳の考え方は幕末以降、どんどん普及していきます。ほかの藩からも「報徳仕法」を習いにくる。そして明治になると、小学校の教科書には二宮尊徳の話が必ず載ることになりました。

そうして、二宮尊徳は手堅く富をつくる模範となったのです。

「積善の家に余慶あり」を地でいった本間家や風間家といった日本の旧家

もうひとつ、日本人に商業の才があったとしか思えないのは、江戸時代、大坂で米相場が立ったことです。イギリスのリバプールあたりでもアメリカの綿《めん》を対象にした相場が立ちますが、日本はそれよりも少し早いのです。そうした事実を知ると、日本人は近代産業をリードする才能をもった人種なのではないかと思えてきます。

一九九〇年にノーベル経済学賞を受賞したシカゴ大学のマートン・ミラー教授も、相田洋著『マネー革命2　金融工学の旗手たち』（NHK出版）のなかで次のように語っています。

先物市場は日本で発明されたのです。米の先物市場が大坂の真ん中の島（堂島・渡部注）で始まりました。それは現代的な取引制度を持った最初の先物市場でした。それは現代の先物市場がもっているすべてを完備した先物市場でした。

酒田（山形県）の豪商・本間家はそうした先物相場に長《た》けていたのでしょう、それによって日本でも一、二を競う大地主になっています。そこで「本間様には及びもないが、せめてなりたや殿様に」と歌われたのです。

ここからが重要です。その本間家は「積善の家に余慶あり、積不善の家には余殃《よおう》あり」という、「易経」に出てくる言葉に従っていました。――善行を重ねている人の家にはおのずからめでたいことが集まってくるが、不善をなしてきた家にはその報いとして災いが及ぶ、といったほどの意味です。

ですから本間家は、酒田の海岸の砂が飛んできてたいへんだとなれば、自費で松を植えて防砂林をつくるとか、自分の小作人が病気になれば医者を呼んでやりました。以上は江戸時代の話ですが、戦後の農地改革のときも、本間家の小作人たちは小作をやめるのを嫌がったと伝えられています。というのは、昔から農家は自作農であろうと小作農であろうと、手持ちの現金は非常に少なかったからです。だから、病人が出るとたいへんでした。

重い病気だと、娘を売ったりしなければならなかったほどです。ところが、本間家の小作人であれば医者に診てもらえましたから、これは保険に入っているようなものでした。

こんな話も伝わっています。——戦前、本間家の小作人の息子が出征するときは必ず、酒田のいちばんいい女郎屋で一晩か二晩、遊ばせてやったというのです。女も知らないで戦死してしまったらかわいそうだ、という思いからでした。

本間家は奨学金も出していました。農地改革で大部分の田畑を取り上げられたにもかかわらず、戦後も奨学金を続けています。したがって、酒田や私の育った鶴岡の中学を終え、成績がある程度よくて進学したいという人を助けてきました。私もそのひとりで戦後のインフレのため額は相対的には戦前のように大きくはなかったのですが、奨学金の額はふた月に千五百円でした。私が大学に入った年は食費込みの寮費がちょうど千五百円でしたから、本を買ううえで非常に助かったことを記憶しています。

その奨学金はこちらからもらいに行きました。どこへもらいに行くかというと、山形県庄内地方出身の偉い学者の家でした。そういう先生のところに預けてあったのです。学生はふた月に一度、偉い先生に会ってお話しを承ることになりますから、わざわざそういうシステムにしたわけです。そして田舎に帰ると、本間家にお礼に行きます。すると、本間家の当主と差し向いで食事ができました。私も何回もその経験がありますが、そのときは貧乏学生を遇すること、それこそ「賓客のごとき」ものでした。

東京でわれわれに奨学金を手渡してくれた偉い学者たちも、学生時代は自分でもそういうことを経験してきましたから、貧乏学生を賓客のごとく遇してくれました。

鶴岡には風間家がありました。やはり米の先物相場で財をなした家と伝えられています。同じ庄内藩でも、本間家は酒田に本拠を置き、風間家は鶴岡を中心にしていました。

私が小学生のころ、「天然灯」といって太陽光線に当たれる大きな部屋を学校に寄付してくれたのが風間家でした。それは健康にいい、霜焼けに効くといわれていましたから、生徒たちはみんな茶色の眼鏡をかけて太陽光に当たったものでした。

記憶に残っているのは、戦時中、国債の割り当てがきたときのことです。あれだけの戦争をしながらインフレが起こらなかったのは、国が国民にむりやり国債を買わせたからです。国債など、だれも買いたくないから、嫌々ながら町内で割り振るわけです。「先月はうちが買ったから、今月はあなたのところで……」と。すると、風間家は黙ってそれを見ていて、残った国債を全部引き受けていたのです。

以上は私の周囲にあった大金持ちの逸話です。

この本間家や風間家のような家は新潟にもあっただろうし、大阪にもあったことでしょう。全国各地で、日本の旧家はこのような振る舞いをしてきたのです。一部の金持ちを除けば、けっしてあこぎなことはしなかったと思います。必ず目に見えない善行を積んでいた。それが日本の「富」の使い方でした。

西洋の「資本主義の精神」との相似点・相違点

ある程度それに似ていると思うのは、カルヴィン主義が続いていたときの英米の金持ちです。

たとえば、カーネギー。彼はスコットランドに生まれた非常に敬虔なプロテスタントでした。十五歳のとき、一家でアメリカに渡り、その後、「鉄鋼王」といわれるまでの富豪になり、次のような言葉を書き残しています。

蓄財は「偶像崇拝」の悪い種のひとつである。金銭崇拝ほど、人の品位を低下させる偶像はない。

裕福な人は富を浪費するのではなく、社会がより豊かになるために、みずからの富を使うべきである。

ですから、大金持ちになってからは寄付することだけを考えているかのように見えました。大学を創設したり、公園を造って開放したり、図書館を設立したり、有名な「カーネギー・ホール」を建設したり……しています（音楽好きの彼は「カーネギー・ホール」だけは寄贈せずに所有していた）。それを知った渋沢栄一は「こんな慈善行為は孔子の時代にもなかったことではないか」といって絶賛しています。

いまはITで大金持ちになったビル・ゲイツなども盛んに寄付をしています。

カルヴィン主義（プロテスタンティズム）に基づくこうした慈善行為を見ていますと、すぐ連想するのは、ドイツの有名な社会経済学者マックス・ヴェーバーの『プロテスタンティズムと資本主義の精神』（岩波文庫ほか）です。

資本主義の世界が進展するためには、一定の余剰があり、その余剰が再投資されて拡大再生産されなければなりません。では、その余剰、言い換えれば資本の原始的蓄積の原動力となったのは何か？ といって、ヴェーバーはプロテスタンティズムのモラルを挙げています。

彼の説の概要を示せば、以下のとおりです。

プロテスタンティズムによれば、あるキリスト者が天国に行けるか否かは、本人が知らないだけで、神はもう決めておられます。これは「救霊予定説」と呼ばれておりますが、もし神がすでに決めておられるのなら、普通の人は「だったら、別に努力しなくてもいいではないか」と考えることでしょう。ところが、謹厳なプロテスタントは、そうは考えないというのです。「もし神が自分を天国に行く人間だと決めておられるとすれば、自分も神の御心《みこころ》に沿うように勤勉な人間にならなければいけない」と、考えるというのです。そして、仕事に励むはずだ、と。また、自分が果たして天国に行ける人間であるのかどうかわからない……という場合でも、禁欲的な労働に励んで社会に貢献するといいます。なんとなれば、この世に神の栄光を現わすことによって、「自分は救われている」という確信をもつことができるようになるからだといいます。

したがって、いずれの場合でも、信仰心の篤いプロテスタントは聖書の教えを守り、与えられた仕事を「天職」とわきまえ、死に物狂いで働く……。そして、稼いだお金は全部使ってしまわないで、きちんと貯蓄する。節倹する。それが資本の原始的蓄積となって、プロテスタントの国では資本主義がますます発展していく。

これがヴェーバーの見方です。

こうしたプロテスタンティズムの「勤勉の精神」と「節倹の精神」は日本にもあったのではないでしょうか。それが先に挙げた旧家の「積善の家に余慶あり」という言葉や二宮尊徳の「分度」の思想であると思います。

げんに、日本の金持ちは自分の郷里の人たちを幸福にすることに熱心でした。言い換えれば、強い郷土愛がありました。ただし、私の見るところ、イギリスの金持ちにはそうした郷土愛が欠けていたように思います。

十五、六世紀のイギリスでは羊の囲い込みが盛んになりました。領主や「ジェントリー」と呼ばれた地主たちが、小作人から取り上げた畑や共有地の原っぱを柵で囲い込み、そのなかで羊を飼うようになったのです。小作人に畑を貸しても、たいした金にはならないけれど、羊毛は金になりますから、自分の土地を牧場に転換したのです。そのため、「羊が農民を追い出した」といわれたものです。トーマス・モアは有名な『ユートピア』（岩波文庫など）のなかで、これを「羊が人間を食べている」と告発しています。

イギリスの羊は、以前は大変おとなしい小食の動物だったそうですが、このごろでは、なんでも途方もない大食いで、その上荒々しくなったそうです。そのため、人間さえも盛んに食い潰されて、見るも無残な荒廃ぶりです。そのわけは、もし国内のどこかに非常に良質の、したがって高価な羊毛がとれるところがありますと、貴族や紳士や修道院長までが、国家のためになるどころか、とんでもない大きな害毒を及ぼすのもかまわずに、百姓たちの耕作地を取り上げてしまい、牧場としてすっかり囲い込んでしまうから

です。（平井正穂訳をアレンジ）

日本の旧家はそんなことはしませんでした。郷土の人びとの幸福を念じて慈善事業に精を出したことはすでに述べたとおりです。

そうした旧家は尊ぶべきでしたが、戦後の農地改革で潰してしまいました。ただし、旧家を潰したのはＧＨＱの命令ではなく、じつはＧＨＱに名を借りた日本の民法学者の仕業だったのではないでしょうか？　左翼の民法学者たちは「富」を憎んでいたからです。

＊

日本における富の思想はさまざまなかたちで捉えることができます。

①　富とは個人の「自由」の基盤である。

②　「日本資本主義の父」といわれる渋沢栄一は日本に多くの株式会社をつくり、そうして近代化を進めようと考えた。

③　それより前、江戸時代に富に関する新しい思想を生み出したのは石田梅岩である。彼は「金儲けは卑しい」という風潮を払拭し、ひとつの宗教に凝り固まることのない柔軟

な精神を賞揚した。
④ 幕末の二宮尊徳（金次郎）は「分度」の思想などに基づき、財政再建策（報徳仕法）を打ち立て、みずからも実行してみせた。
⑤ 本間家や風間家といった日本の旧家は「積善の家に余慶あり」といったモットーを体現していた。
⑥ 「プロテスタンティズムの精神」に基づく西洋の資本主義と比較しながら日本の富の思想を考えてみるのもおもしろい。

［略歴］

渡部昇一（わたなべ・しょういち）

上智大学名誉教授。1930年、山形県生まれ。1955年、上智大学大学院修士課程修了。ドイツのミュンスター大学、イギリスのオックスフォード大学に留学。ミュンスター大学哲学博士（1958年）、同大学名誉哲学博士（1994年）。深い学識に裏打ちされた鋭い評論で知られる。第24回エッセイストクラブ賞、第1回正論大賞受賞。専門書のほかに、『知的生活の方法』『自分の壁を破る人、破れない人』をはじめ多数の著作があり、ベストセラー、ロングセラーを続けている。

編集協力／松崎之貞
写真提供／近現代フォトライブラリー

日本人の遺伝子

2016年7月9日　　第1刷発行

著　者　渡部昇一
発行者　唐津 隆
発行所　株式会社ビジネス社
〒162-0805　東京都新宿区矢来町114番地 神楽坂高橋ビル5F
電話　03(5227)1602　FAX　03(5227)1603
http://www.business-sha.co.jp

〈装幀〉上田晃郷　〈本文組版〉エムアンドケイ　茂呂田剛
〈印刷・製本〉中央精版印刷株式会社
〈編集担当〉本田朋子　〈営業担当〉山口健志

ISBN978-4-8284-1891-9